# 年终汇报

一本书，搞定年终汇报难题！

新励成 ◎ 主编



SPM 南方传媒 | 广东人民出版社
·广州·

图书在版编目（CIP）数据

年终汇报 / 新励成主编. — 广州：广东人民出版社，2023.11
ISBN 978-7-218-17094-7

Ⅰ. ①年…　Ⅱ. ①新…　Ⅲ. ①公文—写作　Ⅳ. ① C931.46

中国国家版本馆 CIP 数据核字 (2023) 第 213014 号

NIANZHONG HUIBAO
年终汇报

新励成　主编



出 版 人：肖风华

策划编辑：严耀峰　钱飞遥
策划出品：翰图文化
责任编辑：严耀峰
特约编辑：文治国
责任技编：吴彦斌　周星奎
封面设计：杨　鑫
装帧设计：严姗姗　彭　婵　周　燕

出版发行：广东人民出版社
地　　址：广州市越秀区大沙头四马路 10 号（邮政编码：510199）
电　　话：（020）85716809（总编室）
传　　真：（020）83289585
网　　址：http://www.gdpph.com
印　　刷：广州市樱华印务有限公司
开　　本：787 毫米 ×1092 毫米　1/16
印　　张：9　　　　字　　数：100 千
版　　次：2023 年 11 月第 1 版
印　　次：2023 年 11 月第 1 次印刷
定　　价：68.00 元

如发现印装质量问题，影响阅读，请与出版社（020-87712513）联系调换。
售书热线：（020）87717307

# 序言 Preface

本书是专为那些希望提高工作效率、提升自我以及希望在职业生涯中取得更大成功的人们编写的。

在这个竞争激烈的世界里，我们需要不断地学习新的知识和技能，以保持在职场上的竞争力。年终汇报是一种非常有效的工具，它可以帮助我们回顾过去一年的工作，总结经验教训，并为下一年的工作制订计划。

年终汇报的重要性不言而喻。首先，它是一种反思和自我评估的方式，通过回顾过去一年的工作，我们可以了解自己的优点和不足，从而找到改进的方向；其次，它也是一种沟通和交流的方式，通过向上级或同事汇报工作，我们可以展示自己的成果，获得他们的反馈和建议，对我们的个人成长和职业发展都非常有益；最后，年终汇报还可以帮助我们更好地规划未来，通过对过去一年的总结和反思，我们可以为下一年的工作制订更明确的目标和计划。

然而，如果不了解年终汇报的重要性和方法，可能会对我们的职业生涯产生负面影响。如果我们的年终汇报内容不清晰或者不完整，可能会给上级或同事留下不好的印象，甚至可能会影响到我们的职业发展。

因此，我们强烈建议您阅读这本书，它将为您提供详细的指导和实用的技巧，帮助您更好地进行年终汇报。无论您是刚刚开始职场生涯的新人，还是已经有一定工作经验的老手，我们相信这本书都能为您提供宝贵的帮助。

# 前言 Introduction

# 读懂年终汇报，绽放职场之路

## 一、为什么要做年终汇报？

为什么一年工作后需要做年终汇报？这个问题可以从两个角度去看。

首先，对自身来说，年终汇报是对自己的这一年工作的一次复盘机会，明确这一年都做了什么事情、有什么亮点与不足、有哪些成长等等，是写给自己看的。

其次，从公司角度看，这是一次让领导看到我们的付出和价值的机会，向领导展示我们在项目上的成就、为公司提供了哪些有价值的贡献，是为职场提升做准备的。

所以，从公司的角度看，年终汇报是盘点，看成绩，鼓士气；从个人的角度看，年终汇报是回味，测产出，调方向。

对待年终汇报的态度，就是对待成长的态度。看成绩，也看问题，更看到希望。

年终汇报，就是对这一年工作的总结。**每一次总结，都是重获新生。**所以，如何有效地向上级汇报工作，是一个关键的技能，与在职场中提高自己的“能见度”和影响力密切相关。

很多人可能感到困惑：为什么自己辛苦工作多年，却没有获得升职加薪的机会，而其他能力不如自己的同事却迅速获得晋升，领先自己一大步？在职场中，除了做好工作，更需要让他人知道我们在做好工作，而这正是与上级进行有效沟通和汇报的能力所体现的。就像品牌需要定位，需要通过媒介渠道吸引关注以及扩散影响力一样，个人在职场中也需要树立自己的品牌和影响力。这种影响力在职场中被称为“能见度”。在这方面，向上级汇报工作的技能至关重要。在汇报中，我们不仅仅是传递信息，更是在展示我们的能力和价值，让领导和同事认可我们的工作。因此，向上级汇报工作成为影响升职的一个重要因素。

在职场沟通中，有效的汇报能力是展示自己价值的一种方式。通过工作内容的巧妙体现、工作汇报的有效展示等，我们可以提高向上级汇报的效果，让他们更加认可我们的工作，从而在职场中获得更多的机会。通过这种方式，我们将不仅仅是一个辛勤工作的员工，更是一个能够影响和推动团队进步的职场中坚。

## 二、年终汇报的四大作用

### ❶ 年终汇报是提高工作能力的重要途径

年终汇报即是全面、深入地汇总一年来公司和个人所取得的成绩，总结工作中的宝贵经验，以培养锻炼自己的思维方法、分析能力、辩证能力。同时，年终汇报还须对年初工作规划没有得到落实或者落实不到位的原因及工作中存在的问题进行归纳，分析出现问题的原因，从而提出解决问题的办法，这对进一步做好下一年的各项工作都是很重要的。如果说我们能在实践中增长才干，那么年终汇报也是增长才干的一种好办法。所以，年终工作汇报的过程是我们自我提高的过程，也是我们提高工作能力的重要途径。

### ❷ 年终汇报是寻找工作规律的重要手段

任何一件事物、一项工作，都存在内在联系和外部制约，都有它的自身发展、运动规律，遵循这些客观规律办事才能够顺利达到预期的目的，不然就会违背规律而招致失败。总结不仅仅是总结成绩，更重要的是为了总结经验，找出工作失误的教训，在今后的工作中改进提高，趋利避害，避免失误。

### ❸ 年终汇报是推动工作前进的重要环节

任何一项工作，不管是个人也好，团队也好，都需要奉献精神和团结协作精神，都要从细处着手，认真思考、反复操作，通过辛勤劳动才能完成。每一次具体实践，都有成败得失，及时总结才能及时取得经验教训，提高工作认识和工作技能。不断实践，不断总结，不断反思，那么我们对客观事物的认识也就越来越深刻，知识就越来越广，智慧就越来越高，各项工作才会不断推进。

### ❹ 年终汇报是指导下一年工作的基础

年终进行总结和汇报，是一项常规性的工作，是对工作的全面回顾、检查、分析、评判，并从中找出优点与缺点、成功与失败、经验与教训，实事求是地作出正确评价，使大家统一认识，以此为大家明确一个努力的方向，以便在来年的工作中更好地发扬优点、克服缺点，避免工作失误，为下一年的工作打下坚实的基础。

## 三、年终汇报的“雷区”

一份用心写出的工作汇报，可以帮助我们把零散的、肤浅的、感性的认识上升为深刻的理性认识，从而使我们吸取经验教训，使今后的工作少走弯路，多出成果，并且有利于指导下一年的工作做得更好、更出色。

但是，一场糟糕的汇报很有可能让我们失去晋升机会。所以，汇报工作前，先了解一下要避开的“雷区”吧。

### “雷区”1：汇报无重点

小林研究生毕业后，进入一家“中国500强”企业工作。去年年终，小林回总部述职。为了能在述职时有个良好的表现，小林准备了一个10分钟的演讲。

轮到小林了，只见小林镇定自若地开场，但才汇报了2分钟就被领导打断。

领导问他：“你到底想说什么？我听了两分钟，还没听到重点。”

一番暴风骤雨把小林打击得无地自容。

其实，职位越高的人时间越宝贵，注意力越短。一位 CEO 的注意力可能只有 2 分钟左右，对于汇报人而言，可能就需要在 1 分钟内说清楚工作内容和工作重点。如果汇报人在这个时间里抓不住受众的注意力，那么汇报工作时就很可能被打断，然后被贴上“抓不住重点”的黑标签。

## “雷区”2：自说自话

汇报的第二个“雷区”就是汇报人自说自话，沉浸在自己的小世界里。在汇报中，如果领导已经面露不耐烦，或者开始玩手机，汇报人就要警觉了。这时候如果还是自顾自地讲下去，就会把工作汇报变成一场无人欣赏的独角戏。要知道，汇报工作是双向沟通，如果受众失去兴趣了，汇报人还在自顾自地说话，而没有想着怎样把受众的兴趣拉回来，就会让它成为一场无效汇报。

## “雷区”3：“求抱抱”型汇报

“求抱抱”型汇报的人错误地把汇报工作当成展示自己的舞台，然后在工作总结中尽全力表现，最终用力过猛，让受众觉得他太爱出风头。要知道，高管工作是很繁忙的，他们每天需要同时处理几十个不同的信息，我们的汇报对自己而言意义重大，但对他们来说，只是工作中很小的组成部分。听汇报时，他们关注的是：这次汇报可以给他带来什么价值，汇报人可以帮助他做什么，汇报人所提供的信息是否可以更好地为他做决策。与此无关的全力表现、大出风头，在他们看来，都是没有价值的。

## “雷区”4：非要按照自己的顺序汇报

汇报人在准备汇报时，有自己的逻辑和汇报顺序。为准备一次汇报，汇报人可能要准备 5~6 个要点。但对于受众来说，尤其是领导，他们思维跳跃，有自己的逻辑，并且只关心自己在意的问题。他可能会在听汇报第一个要点时打断，让汇报人直接汇报第五点。这时如果汇报人不懂得变通，一味按自己的逻辑顺序讲下去，就会让领导觉得你啰里吧嗦，思路不清晰。

## “雷区”5：只说问题，不提供解决方案

公司聘请我们来是解决问题，不是制造问题的。如果在一场汇报中，只讲问题，不提供解决方案，就会让受众觉得汇报人是在抱怨工作和制造问题。在汇报中，提出问题是最容易的，而提供解决方案、解决问题是最难的。如果汇报人可以主动发现问题，并提出解决方案，将其完美解决，会让领导认为这是一个有用之人和可塑之才。

在职场上，工作越久就越会发现，会汇报的人和不会汇报的人，在

发展上真的天差地别。不会汇报的人，即便工作完成得再好，也会因为汇报时“踩雷”，让领导觉得他只是一个干活好的“老黄牛”。会汇报的人，却可以凭借一次次出色的工作结果和优秀的汇报，让领导认为他是一个可塑之才，从而在工作中获得更多资源和机会。

## 四、怎样写出一份精彩的年终汇报?

什么样才算精彩的年终汇报?

汇报前，亮业绩——进行深入全面的思考，梳理清楚自己一整年的工作，从中挖掘自己的高光点，准备好汇报的内容;

预演时，强表达——练习逻辑严密、亮点突出的讲述，为精彩的汇报打下基础;

汇报时，妙呈现——有好的呈现状态，懂得即兴的艺术，展现价值，锦上添花。

当我们学习新的知识内容时，有时候会感到困惑和不知所措。我们可能会面临大量的信息和概念，而且这些内容可能相互关联复杂，很难一下子完全掌握。为了帮助大家更高效地学习和快速吸收知识，本书把知识内容模型化，希望能够提供给大家一个更直观、更系统化的学习工具，帮助大家更好地理解和记忆。同时，本书还采用可视化方式帮助大家快速抓住核心要点，建立知识的框架，理清脉络，从而更好地理解和应用所学的知识。

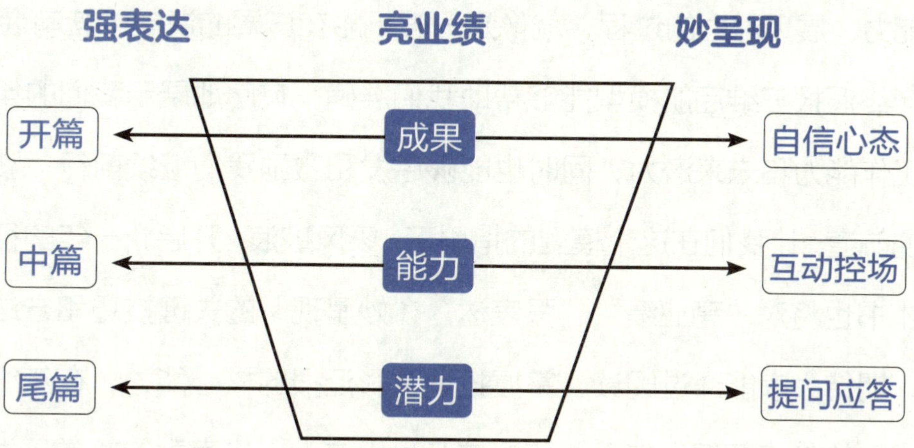


“年终汇报三维启航模型”是一个以三大内容板块叠加构建起来的独特模型，其形状犹如一艘帆船，寓意着年终汇报是我们扬帆起航的时刻。

这个模型的设计以成果展示、能力体现和潜力展现为三个关键层面。

第一层核心是成果展示，展示的是我们在过去一年中取得的成果。我们汇报呈现时，需要通过一年的总结去展现出我们的自信与坚定，所以开头要能够给听众留下深刻的印象，让领导相信我们有能力取得出色的工作成果。

第二层核心是能力体现，它体现的是我们全年的核心能力和专业知识。在汇报中，我们需要清晰地传递关键信息，包括这一年遇到的困难、做出的成绩以及积累的经验等，并运用适当的肢体语言和表达方式来增强领导对我们的信任度。

第三层核心是潜力展现，强调我们在未来的发展和规划。在这一层的表达中，我们需要展示计划和对未来的抱负，让领导能够感受到我们的思考和追求，并且在呈现中展现出良好的控场能力，以提高我们的说服力。

这个模型形似帆船，象征着我们在年终汇报中逐渐由展示成果走向体现能力、展现潜力的过程，就像是一艘帆船在广阔的海洋中驶向远方。

年终汇报三维启航模型能够帮助我们准确、有序地展示我们的年度成果、工作能力和未来潜力，同时也能够启发和激励我们继续前行，驶向更广阔的航道。让我们在这个模型的指引下，乘风破浪，开启新一年的征程！

本书也将对“亮业绩”“强表达”“妙呈现”的关键技巧和方法进行讲解，期待大家能通过阅读，掌握打造精彩汇报的核心能力，在年终通过一场出彩的年终汇报为自己一年的辛苦付出交上一份满意的答卷，为自己赢得升职加薪的关键筹码。

# 目录

第一章 亮业绩

## 内容展成果



第二章 强表达

## 表达现能力

# 第三章 妙呈现

## 呈现显价值

# 第一章

# 亮业绩：内容展成果

- 01 抓住关键核心，快速掌握汇报
- 02 全面回顾无遗漏，梳理工作成果
- 03 汇报亮点必突出，体现工作能力
- 04 来年规划有价值，展现隐藏潜能
- 05 摸准领导脾性，汇报才更通顺
- 06 年度业绩平平，方法攻克难题
- 07 有业绩远远不够，包装润色也重要
- 08 汇报想精彩，PPT 先好看

# 01 抓住关键核心，快速掌握汇报

这一章节，我们来聊一聊作为一位在职场中有一定工作年限的员工，该如何从领导的思维角度入手，充分地向领导展现自己的工作价值。

汇报不是一个单向的过程，是领导和员工双向沟通的桥梁。在这个双向沟通的过程中，领导到底想在我们的年终汇报上看到什么呢？

- 直属领导想听听你在工作中发现的问题和解决思路。
- 上级领导想知道你对未来工作的目标和具体的措施。

简单来说，领导最关心什么？

- 今年你的 KPI（Key Performance Indicator，关键绩效指标，简称“KPI”）是否达标？
- 你有没有为公司挣到钱？
- 你为明年订多大目标？

如何用领导的思维来看待年终汇报中需要体现的价值？大家首先需

要清楚，领导关注的绝对不会是我们本职工作的流水账。领导会从三个主要的维度来判断一个员工的价值：**第一个是核心业务的维护能力（业绩成果）；第二个是持续拿结果的方法论（经验能力）；第三个是创新业务的开发潜力（发展潜力）**。因此，我们的年终汇报就要围绕着这三个维度来开展，当我们的价值符合领导的期待时，就容易获得提升的机会。反之，可能会面临边缘化的风险。这三个核心的价值，我们可以展开解释。

## 1. 业绩成果

目前各个行业都面临不小的挑战，那么企业的老客户和老业务的维护是企业健康生存的关键。作为企业中有一定资历的员工，在核心业务和客户的维护上，成绩就应该要凸显出来，不用写太多，主要是让领导能够明确我们的存在能够保障企业的老业务和客户关系的稳定，这是一家企业健康的根本，也是老员工的重要价值。

## 2. 经验能力

接下来我们要思考的是，在基础业务获得了保障以后，我们的企业如何去面对挑战、面对机遇、面对未来，我们在汇报里要学会避免把现有的问题都归咎于行业的问题、竞争的问题和企业的问题。领导需要的是解决问题的方法，而不是听我们没完没了地告诉他、提醒他所要面对的问题。

所以，在过去的一年，汇报中不仅要描述做到了什么，更多要总结如何做到的、萃取出了什么样的经验能力、通过我们的努力为增长做了哪些贡献等，比如说已解决的问题、创新的产品或流程增加了企业的竞争力、降低了产品的成本、优化了流程、提升了效率、增加了合格率等等。在这些成绩的描述上，我们要避免使用类似于“大幅提升”“部分提升”“显著提升”等非常含糊的描述，而要用具体的数据支持。无论是从事职能岗还是业务岗，都要在工作的关键指标上给出具体数据，比如说“降低产品的次品率 30%”“人员流动从 35% 下降到 23%”“客户满意度增加了 28%”“销售转化率从 5% 提升到 10%”“产品销售额同比上升 10%”等。

## 3. 发展潜力

从领导的思维来看，我们现在的工作成绩是可以用来衡量未来在企业的发展上是否能做出持续的贡献、拥有成长的潜在价值。这里要跟大家分享一个比较残酷的事实，我们在职场中地位的提升，不是建立在已有的成绩上，而是建立在后续能够持续增长的业绩上。因此，未来可期，是年终汇报中需要展现出的核心价值。这也就是领导关注的第三个核心价值。

新的一年，企业将面临怎样的机会？产品的创新、团队的培养、运营的管理等等，有哪一些是我们可以推动改变和提升的？

公司需要未来和希望。

大家可能会想一个问题，在具体制订明年目标的时候，我们是采取激进还是保守的方式？这要根据领导的风格来决定。每个企业其实都有自己的特点，但一般来说，保守中带有一些激进是比较安全的方式，这可以有效达到领导的预期。

当我们有一定的工作资历后，培养团队的能力特别重要。想一想，这一年我们为团队的建设做了什么？培养了几个新人？做了多少次培训？带领他们一起完成了什么项目？付出就是收获。在和年轻人一起打拼公司未来的同时，我们也会实现自己的快乐成长。

有了成绩，有了目标，接下来我们才能来描述自己的优缺点。我们的能力和优缺点决定了今年的成绩，同样，我们的能力和优缺点也将决定我们明年能创造的业绩。因此，我们的优缺点和今年的成绩、新年工作目标必须要保持一致，不能矛盾，否则我们的成绩会被质疑并失去未来的机会。比如我们主要的工作是市场或新产品开发，那么就不可缺乏市场的敏感度，或者缺乏新技术的运用能力。对于自己的价值，我们要具备自信的心态。如果你的领导很欣赏你，你就需要展现适度的谦虚；但如果你的领导对你否定比较多，那在汇报里就要通过成绩和规划来肯定自己的能力和价值。

沟通是实现我们和领导之间相互了解和对齐目标的最有效方式，而年终汇报正是我们主动开始沟通的最好机会。相信自己，乐观开放，因为有人的地方就有江湖，不是所有的问题都能被解决，但抱怨永远解决不了任何问题，所以我们要尝试用乐观的态度去面对和解决问题。在年终总结和新年计划中，能够围绕领导最关注的三个价值维度进行深入思考，能够灵活调整，并显示出对团队的信心、对企业的信心和对领导的信心，那么，我们一定能做出让领导点头赞许的汇报。

# 02 全面回顾无遗漏，梳理工作成果

本节将会教给大家梳理全年工作的四部曲，帮助大家把脑子里面的“一团糨糊”梳理成井井有条的“文件夹”。同时，在梳理的过程中，也能回顾过去的一年被自己遗漏的“成果”。

前面我们提到站在领导的角度思考，明确年终汇报的重要性，但是很多人一提到年终汇报，第一感觉是：难。

“自己过去一年干了这么多事，难道要一一列举吗？”

“自己过去一年工作上没啥成绩要怎么写？”

“忙的都是琐碎的杂事咋写？”

…………

这些都是大家最常见的问题。做年终汇报，第一步是要学会梳理自己一整年的工作成果。

## 梳理全年工作方法

年终汇报就是把年度的工作内容进行归纳，沉淀出相关的经验。同时，要针对这种情况提出解决办法。年终汇报的核心目的是面向未来的，如果不能针对问题提出合理的解决方案，那么就无法实现重塑自身价值的目的。

如何把全年的工作有效、有序、有深度地梳理归纳出来？它大致可以分为四个步骤：

### 第一步：回顾公司目标

在这一阶段，你可以通过几个关键问题来进行梳理：

- 公司总目标、团队目标以及个人目标分别是什么？
- 在原本设想中，要实现这个目标的阻碍有哪些？
- 为了实现这个目标制订了怎样的策略（包括调动了哪些资源）？
- 实现这个目标的时间节点是什么时候？

通过对以上这些问题的梳理，我们在回顾目标的时候会更加清晰，对于接下来进行事件推演有着非常大的帮助。当然，我们在进行目标回顾的时候，不要纯粹只是靠自己想象，而应该把这些问题一个个写出来，列成表格。毕竟，我们当下的想法未必等同于当初在公司或者团队制定规划时候的想法。所以，重新梳理的目的是让我们保持足够的客观。

另外，在回顾目标的时候，很多人会犯一个错误，就是将手段当成目标，这也是最常见的错误。例如策划一场裂变活动，就会把裂变当成目标，而其实裂变只是手段，让更多人参与活动或者让更多人购买你的产品和服务才是我们的目标。再比如说公司需要通过裂变活动实现年度 100 万元业绩，个人年度业绩为 10 万元，这个是我们的目标，而为此去学习某个课程来提升专业能力，就是手段。所以在回顾目标时，需要将目标清晰明确地在某个地方写出来，一来不容易搞混，二来在梳理年度工作的时候不至于偏离目标。

### 第二步：整理工作内容

在整理工作内容时，采用遵循“纵、横、大、新”维度的四字梳理法，有助于汇报人更明确地理清汇报的思路，也能帮助汇报人更容易发现自己工作中的重点和亮点。以下将对“纵、横、大、新”作简要介绍：

**①纵：从时间上梳理，根据时间点，列出重点完成的工作。**

**表 1-1 年度工作梳理表（时间）**

| 内容填写 | | | | 使用说明 |
|---|---|---|---|---|
| 年度目标 | | | | 列举自己的核心 KPI |
| 第一季度 | | | | |
| 季度目标 | | | | 目标 + 达成情况 |
| 核心工作 | 一月 | 二月 | 三月 | 先罗列再筛选重点工作 |
| | | | | |
| 经验总结 | | | | 优秀经验 / 失败反思 |
| 第二季度 | | | | |
| 季度目标 | | | | |
| 核心工作 | 四月 | 五月 | 六月 | 同上 |
| | | | | |
| 经验总结 | | | | |
| 第三季度 | | | | |
| 季度目标 | | | | |
| 核心工作 | 七月 | 八月 | 九月 | 同上 |
| | | | | |
| 经验总结 | | | | |

（接下页）

（接上页）

| 内容填写 | | | | 使用说明 |
|---|---|---|---|---|
| 第四季度 | | | | |
| 季度目标 | | | | 同上 |
| 核心工作 | 十月 | 十一月 | 十二月 | |
| | | | | |
| 经验总结 | | | | |

**②横：从年度接触到的工作项目上进行梳理。**

- 今年参与了哪些项目？
- 今年完成了哪些课题？
- 今年组织了哪些活动？

**③大：从大事上梳理，筛选出本年度重点跟进的 1~2 项工作任务，展开详细阐述。**

**表 1-2 年度工作梳理表（大事）**

| 内容填写 | | 使用说明 |
|---|---|---|
| 年度目标<br>（核心 KPI） | | 列数据 |
| 关键大事件 | | 结合目标筛选重点<br>跟进的 1~2 项工作 |
| 大事件一 | | |
| 事件目标 | | 目标，列举数据 |
| 事件成果 | | 达成情况 |

（接下页）

（接上页）

| 内容填写 | | 使用说明 |
| --- | --- | --- |
| 关键贡献 | | 在事件中扮演什么角色？主要负责什么？提供了什么价值？ |
| 经验总结 | | 成功经验 / 失败反思 |
| 大事件 二 | | |
| 事件目标 | | 同上 |
| 事件成果 | | |
| 关键贡献 | | |
| 经验总结 | | |

**④新：从亮点上梳理，列举出今年新的想法及措施，并由此对工作产生的积极影响。**

- 取得了怎样的业绩？
- 实现了哪些跨部门、跨单位资源的协同？
- 是否有意识地提升自己以赋能于工作？

**表 1-3 年度工作梳理表（亮点）**

| 内容填写 | | 使用说明 |
| --- | --- | --- |
| 价值创造 | | 结合年终核心目标列举自己取得的成绩，带来的积极影响（包括对公司、对业务、对其他部门创造的价值） |

（接下页）

（接上页）

| 内容填写 | | 使用说明 |
|---|---|---|
| 新举措 | | 包括：<br>对旧举措的改进<br>对问题的解决方案<br>提炼的经验、方法论 |
| 新想法 | | 新的思路、视角、启发 |
| 成长进步 | | 成功经验 / 不足改进 |

其中，“纵”“横”是基础梳理，“大”“新”是上层梳理，真正要写进年终汇报的主要是大事和富有亮点的事。

## 第三步：分析，去粗取精

对于收集到的材料需要进一步分析，得出客观的结论。关于材料的分析，大体分为三个步骤：

**①一分为二，去伪存真，去粗取精。**

**②用联系和发展的观点分析。**

**③做本质分析，得出规律性的结论。**

首先，一分为二地对材料作初步筛选，去掉明显错误的、虚假的、不符合实际的数据，保留符合客观实际的部分；

其次，将各个材料用联系和发展的观点结合起来分析。可以用时间线串起来，也可以用因果关系来分清楚事情的先后顺序；

最后，将上一步分析得出的结论做进一步本质分析，结合规律做出解释，即“为什么会是这样”。

公交车突然急停有人摔倒——可能是因为他没有抓好扶手——牛顿惯性定律使然。这就是本质分析。

### 第四步：形成年度总结

通过以上的内容梳理，最后形成自己的整体年度总结汇报稿，包括对整个年度的工作汇总。这个部分第一可以通过一些数据、关键词进行概述，就是展示自己的工作核心业务，包括你的业绩、岗位核心等；第二是概括出自己工作的亮点；第三是把年度做的不尽如人意的事项进行复盘分析；第四把能够分享的经验方法论整理出来给到公司或者同事；第五就是下一年的年度规划，让公司知道我们的价值所在。

**注意事项：**

**1. “点”上有重点，有的放矢，切忌事无巨细**

√ 梳理成绩

√ 呈现不足

√ 讲出干货

**2. “线”上抓延伸，层次分明，切忌四平八稳**

√ 对比今年去年数据变化趋势

√ 积累经验为下一年作铺垫

√ 增加吸睛小标题

**3. “面”上求突破，切忌“报喜不报忧”**

√ 虚心分析存在的问题和不足

√ 分析成绩背后的原因

# 03 汇报亮点必突出，体现工作能力

本节我们就来学习一些整合技巧，把亮点挖掘出来、包装一下。

相信跟着前面的学习，我们已经梳理好了自己过往的工作成果。

有人会说，本来就没啥亮点，现在梳理完发现成绩平平，没什么价值，看不到亮点。性格越内向的人，越看不到自己的价值和亮点。但是，亮点是不可能不存在的。花了一年的时间，干了一堆事，怎么可能一点价值都没有呢？如果一点价值都没有，公司为什么要给你支付报酬？只是我们**缺乏整合能力**，没意识到自己的工作哪些能成为亮点，不懂得如何发掘、如何包装。

法国艺术家罗丹说过："世界上并不缺少美，缺少的是发现美的眼睛。"其实，年终汇报也一样，我们的工作并不缺乏亮点，只是我们缺少发现亮点的眼睛。

## 1. 何为亮点？

想要写出汇报的亮点，我们先要搞清楚亮点在领导眼里到底是什么。我们对于写总结都会有这样的条件反射：我要把工作写得很多、很满。然而，工作量大、领导布置的工作都完成了是亮点吗？当然不是。

那到底什么是亮点呢？其实可以从两个方面来看：

**（1）有价值的事才是亮点。**所以，我们需要在汇报中去凸显、展示自己的工作价值。

**（2）超出领导预期的事才是亮点。**所以，我们需要在汇报中给出领导预想不到的“新东西”。

## 2. 汇报如何凸显工作的价值

当我们的业绩很亮眼时，所取得的成绩就是价值的直观展现。

当我们的成绩平平，业绩和目标达成情况都中规中矩时，好像就很难去证明自己的个人价值，这时如何去凸显自己工作的价值、制造亮点呢？这里给大家一个三字口诀：好、快、省。大家可以从这三个维度去打开思路，找寻并凸显自己的工作亮点。

**（1）好。**

好，即工作完成结果的优劣情况，包含对态度、方法及效果的定量和定性评价。

定量评价，就是利用数据，通过对比去展现你的工作成果，比如，对比他人，自己的工作完成率高了多少个百分点、销售业绩高了多少、客户满意度高了多少等。当然，除了对比他人、对比市场平均水平外，我们也可以和自己的过往进行对比——和别人比不过，和自己比有成长、有进步，也是“好”的展现。总之，我们要学会尽力找到自己工作成果上的优势点，用数据进行凸显和展现。

而定性评价，很多人可能会觉得说出来比较虚，没必要去说，其实是因为大家没有找到合适的、基本的判断标尺。标尺找到了，优劣就出来了；优劣一出来，亮点也就跟着闪现出来了。

判断工作优劣的标尺很多，具体的表彰奖励情况，上级领导、同事、用户、群众的评价情况等等都是。比如做业务支持岗的，来自领导和同事的评价可以凸显工作情况的优劣，所以可以提前去收集一些好的反馈；而做业务岗的，直接找到客户、市场这些一线的评价，就能作为判断工作优劣的标尺。只要是好的评价，就都是工作的亮点。

**（2）快。**

快，属于速度的范畴。

有一些事情难以量化，或者在结果上难以产生优劣差异，对于这样的工作，怎么发现亮点？办法是用“快慢”之眼看速度，比节奏。

比方说，我们在工作时态度比较好，动作比较快，先人一拍、快人一步，完成得比较早，虽然工作结果没有质和量的差别，可是因为效率高、速度快、完成得早，也值得大书一笔啊！

不仅如此，抓工作的频率也可作为亮点。比如一些做质检的单位，别人一月一检查，他却做到一旬一检查，甚至一日一检查。频次越高，说明工作越努力、态度越好、作风越实，这也是亮点嘛！

**（3）省。**

省，从成本的节省入手找亮点同样是一个不错的切入口。

如果工作本身不直接产生业绩，或者业绩成绩并不好看，那么从成本控制、节省的角度去挖掘亮点同样可以打动领导。比如我们在过去一年的工作中，采取了哪些行动帮助公司节省了成本（包括人力成本、研发成本、时间成本等）；如果当前还没有产生直接的降本效果，我们还可以谈谈如何去实现增效，比如优化的工作流程、制定的标准化制度、总结提炼的经验或方法论等，都是我们在重复工作中通过思考而得出独属于自己的产出，足够让自己脱颖而出。而且这些成果能复制、可沿用，能在今后提升整体工作效率、工作效果，对团队、对公司来说具有重要价值，所以，如果有这方面的产出，一定要展示出来。

掌握好这三字诀，我们就能从不同角度入手去展现自己的工作价值，有价值的工作产出就是亮点所在。

## 3. 汇报如何超出领导预期？

当然，有些时候光说出自己的工作价值，还不足以让自己脱颖而出，特别是当我们在某个岗位上工作了好几年，每年都做着和大家差不多的工作时。虽然展现出了自己的成绩和所创造的一些价值，但由于每一年做的事差不多、成绩也差不多，所以给出的答卷都是在领导的预期范围内，和其他人也没有什么明显差异，因此领导只会认可我们产出应有的价值，而不会为此眼前一亮。当每年的年终汇报都只是给人一种“今年完成了任务”的感觉，就会让领导看不到自己的成长和变化，甚至会影响到自己获得晋升的机会。

因此，即使是做着同样的事，我们也需要在平淡和按部就班的工作当中找出自己的新变化，给领导制造新意，让自己能够超出领导的预期，让领导对我们刮目相看。

我们应该如何制造新意呢？给大家准备了三个方法。

**（1）创新突出法。**

即使每年工作看似差不多，但肯定都会有差异、有变化，所以我们要做的就是对这些差异点进行放大，凸显我们的改变和带来的新意。我们可以分别从目标、事件和结果中去发现转变，从中找到这样的差异点：

- **新目标**

同样是市场的工作，去年的目标是开拓市场，今年的目标是降本增效。目标不同，具体工作自然是有变化的。我们可以围绕目标的改变去谈工作上的转变、自己的成长和改变，并把重心放在如何实现这个新目标上。

- **新事件**

即使是完成同样的目标，今年做了哪些新的工作去完成目标也是一个可以展开的差异点。比如同样是要完成拓展客户的工作，去年采取的是业务拜访的方式，今年是通过办主题活动的形式，这些新的事件和做法的转变就是我们向领导展现的新意。

- **新结果**

当取得的结果差不多时，也可以从中找到差异点，具体做法就是对结果进行细化。比如工作职责中有带新人这一项，且去年和今年都同样辅导了 5 个新成员，今年就可以进一步细化结果，如今年辅导的新人中有人快速成为某个小项目的负责人、迅速填补了新项目的人员空缺、让新项目能够快速动起来等。

**（2）能量辐射法。**

一个人如果不仅能很好地完成本分工作，还能为其他人、其他团队赋能，就一定会得到领导的欣赏。如何实现这一步？其实就是上文中提到过的提炼新经验、新方法。这不仅是能够凸显我们价值和能力的论点，更是能够超出领导预期、制造惊喜感的有力武器。在汇报时可以通过新旧对比的方式，先简单阐述旧做法存在的问题，再引出新做法的优势；或者先阐述原来面临的困境，再提出自己的经验和可以如何去解决这样的问题的方法。通过这样的对比，让领导感受到新方法的作用，他就能意识到你是个能够产生正向能量，并且能辐射到团队，为团队赋能的人。

**（3）附加价值法。**

除了公司、领导所期待的主要目标，也就是在核心 KPI 达成之外，我们的工作还能带来哪些额外的附加价值？如果能挖掘到这样的价值，肯定是能够超出领导预期，为自己加分的。怎么挖掘这些附加价值？有三个方向：

- **目标推动力：**我们的工作和企业、团队的战略目标有什么关系？能起到什么额外的帮助？
- **思路扩充力：**我们在工作中有没有什么新的发现、新的思路、新的启示可以给到团队？
- **外部影响力：**我们的工作影响了其他部门、其他业务吗？干得好的事情有没有起到榜样的带动作用？没做好的事有没有发挥“避坑”预警的作用？

这三个方向的内容都是超出领导预期的信息，在构思年终汇报的过程中，可以尝试往这些方面进行思考和深入挖掘，看看自己在平时的工作中有没有产生这样的附加价值。如果有，请记得添加到工作亮点和经验分享当中，让我们的汇报能够超出领导预期，制造让领导眼前一亮的新意点。

# 04 来年规划有价值，展现隐藏潜能

应该如何做好来年规划，给领导画好这个“饼”呢？我们就在这一章节好好讲一讲。

年终汇报不仅要向领导展现自己的成果和能力，更要让领导看到我们的潜力，这应该要怎么做？

我们需要聚焦未来，为明年做出有价值的清晰规划，简单来说，就是给领导“画饼”。毕竟，人性的弱点决定了我们都喜欢看到“大饼”，因为大饼赋予了我们丰富的念想。

## 1. 为什么做不好规划？

首先来帮助大家解决一个疑惑，为什么很多人不懂如何规划，或者做不好规划，其实主要有两个原因：

**（1）方向不明确。**

如果不清楚企业、部门来年的目标，完全按照自己的想法去制定目标、靠自己拍脑袋“立 flag”，这样做出来的规划领导肯定是不满意的。

**（2）没有具体规划。**

如果只谈方向，而没有可落地实施的具体方向、没有可量化的指标以及可盯对的进度计划，这样的规划也是虚的，没有价值可言，自然也不是一个领导愿意吃的“饼”。

我们应该怎样解决这些问题呢？有三大原则我们必须清楚。

## 2. 规划的三大原则

来年的工作规划要遵循三大原则，简单说来就是 12 个字——“坚持方向、量化目标、分解细化”，具体内容如下：

**（1）坚持方向：** 贯彻执行当年年终汇报中指明的方向，要和企业或部门明年的规划保持一致，让自己的规划“有根可循”；

**（2）量化目标：** 在坚持方向的道路上，制订可执行的、可达成的具体目标，并设定可量化、可衡量的指标；

**（3）分解细化：** 对制订的目标和计划进行分解细化，明确责任人、时间节点和评价标准。分解细化后如果有个别环节需要部门、企业层面提供资源支持，需要尽早明确提出。

## 3. 如何制订明年规划？

我们具体应该如何去制订明年的规划呢？只需要做好关键的三步：

**第一步，对目标；**

**第二步，订计划；**

**第三步，对进度。**

**（1）对目标。**

对目标要对齐两件事情，**对目标**和**对结果**。

先说**目标**。目标不是自己拍脑袋想出来的，因为这样很容易偏离正确的方向。**正确的做法是要根据企业和部门的目标，找到自己的关键指标再去制订**。具体可以分为关联组织目标和划分优先级两步。

**①关联组织目标。**

这一步的核心目的是让自己的计划不偏航，能落在组织的大航线当中。现在，每个企业在做年度计划时都会将关键指标定下来，再由各级领导分发到每个部门、每个员工头上，所以在制订自己的明年规划时，就可以围绕这些关键目标和关键指标去进行，因此我们要做的就是提前跟自己的直属领导进行沟通，了解清楚以下几个关键信息：

- 企业的战略方向是什么？相较于今年有否改变？
- 部门明年的目标是什么？业务指标是多少？
- 自己的工作、业务是否有调整或新的安排？
- 自己的关键指标是否有变动？具体是多少？

一般来说，我们的上级都会给出一些答案，帮助我们更清晰自己明年的方向。如果领导也没有提前对目标进行拆分，只是告诉我们企业的方向和部门的总目标，这个时候我们也可以先从总目标入手，一级一级进行拆解。根据今年企业的目标和部门的目标先自行分发指标，再结合自己的工作职责，便能大概知道今年自己的目标了。这里可以使用很多互联网大厂都在使用的 OKR（Objectives and Key Results，目标与关键结果，简称“OKR”）模型。

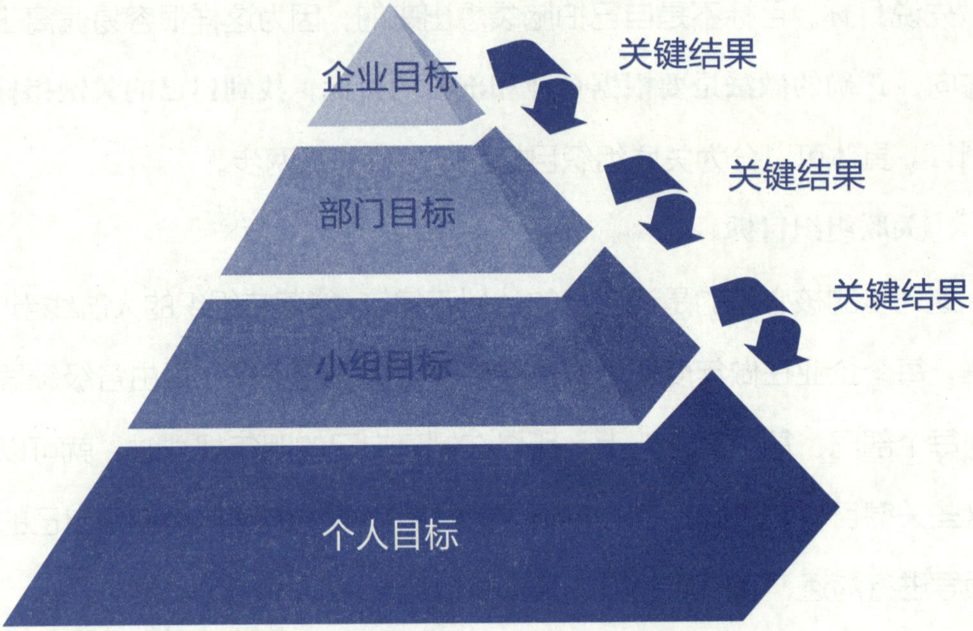


结合上图可理解，大的目标（O）会分解成关键结果（KR），而上级的关键结果（KR）可作为下级的目标（O）；在使用 OKR 做计划时，我们要结合企业和部门的目标来确定自己的目标（O）和关键结果（KR），一级一级地往下找到自己的目标。

**表 1-4 OKR 模型（案例）**

| 目标拆解 | 岗位：电商公司的招商总监 |
| --- | --- |
| 部门目标 | 目标：提高招商质量和效率，实现年度招商目标。<br>关键结果 1：优化招商流程和标准，提高招商效率和准确性。<br>关键结果 2：拓展新的招商渠道和资源，增加招商机会和数量。<br>关键结果 3：加强招商团队建设和管理，提高团队绩效和士气。 |

（接下页）

（接上页）

| 目标拆解 | 岗位：电商公司的招商总监 |
| --- | --- |
| 小组目标 | 目标：打造高效协作和创新的招商团队。<br>关键结果 1：建立良好的团队文化和价值观，提高团队凝聚力和归属感。<br>关键结果 2：加强团队沟通和协作，提高工作效率和质量。<br>关键结果 3：鼓励团队创新和学习，提高团队能力和竞争力。 |
| 个人目标 | 目标：提高个人招商能力和业绩产出。<br>关键结果 1：学习和掌握新的招商技能和知识，提高个人招商能力。<br>关键结果 2：抓住每个招商机会，提升自己的业绩产出。<br>关键结果 3：多与团队成员或行业人员沟通交流，及时获取最新行业知识。 |

**②划分优先级。**

找到目标方向后，接下来我们需要对目标划分优先级，找到最不能放弃的 3~4 个关键目标。这时我们需要深入思考一个问题：**对企业来说，什么是最重要的？**比如企业明年最关注的是创收，那么就应该结合个人的工作来进行分析。比如销售岗，最应关注的目标就是去提升自己的销售业绩、转化率、复购人数等和创收强相关的数据。

**表 1–5 OKR 模型（自我梳理）**

| 目标拆解 | 岗位：____________ |
| --- | --- |
| 部门目标 | |

（接下页）

（接上页）

| 目标拆解 | 岗位：________________ |
| --- | --- |
| 小组目标 | |
| 个人目标 | |

**（2）订计划。**

当我们明确了方向正确且带有一定挑战性的目标后，接下来就需要在结合以往工作的基础上，根据目标去提出一套具体可行的执行计划方案。也就是说，我们要讲清楚打算采取什么样的措施去实现所设定的目标，拿到关键结果。在这个过程中，我们可以结合自己过往的工作经验，大胆地提出自己的新想法，让领导从中看到我们身上蕴含的潜力。

这里给大家介绍一个**黄金四步计划法：**

**①列出任务清单。**

从目标和想要取得的结果出发，先罗列出一切为达成结果可以采取的任务清单，并且按优先级进行排序。

**②分解任务计划。**

清楚明确每一个任务的实施需要执行哪些步骤、需要哪些人员和资源支持等。

**③设定时间节点及节奏。**

根据时间进度安排好具体行动。

**④设定突发状况解决方案。**

计划赶不上变化是工作中常有的情况，如何避免突发状况、针对重大事项如何进行预判并应对，也是我们在制订计划时需要考虑的。提前做好风险处理的预案可以让我们的计划更具说服力。

**（3）对进度。**

根据目标制订好对应计划后，我们可以找个时间和计划任务相关的协作者碰头，一同拉齐未来一年的工作进度。根据他们的反馈，从他们的视角，进一步审查计划的合理性和可操作性，并及时做出优化和调整。

很多管理者在做年度规划时闭门造车，他们这么做的底层逻辑是“管理者的个人智慧 > 团队成员智慧的总和”。但年度规划其实是一次非常好的“团建”机会，是达成共识非常好的契机。在做年度规划时，一定要充分发挥团队每一位骨干的智慧，和大家提前沟通目标和进度。同时，这也是一个鼓舞士气的好机会。

总结一下，要做好明年规划，我们需要先对目标，再订计划，最后对好进度。在这三个步骤中，最重要的就是先对好目标，一定要让自己的目标关联组织目标，这样整个规划才能走在正确的道路上。而在规划的过程中，我们要记得结合“SMART 原则”，让规划更具体、更清晰、更具说服力，让领导心甘情愿吃下我们画的这块“饼”，看到我们身上的潜力，由衷地为此点赞！

# 05 摸准领导脾性，汇报才更通顺

本章节助力我们更好地摸清不同领导的特点和偏好，掌握面对不同领导时的关键汇报策略，并学会利用领导思维，在更高的层次上去准备年终汇报。

为什么汇报时明明成绩还不错，但领导总是不满意？原因在于我们不够了解自己的领导。

## 认知领导赢好感

在职场上，领导有重视结果的，也有重视过程的，还有重视更上级领导的，且不同的领导有不同的脾气性格、做事风格、经营思路和思维模式，处理事情的方式也会有明显的不同。因此，要想我们的汇报能让领导感到满意，首先要摸清楚我们的领导到底属于哪种类型、有什么样的价值偏好和思维模式，然后调整汇报方式和汇报信息，让我们的汇报能够对他的路子。简言之，投其所好，就不会与他造成对立。

领导到底有哪些类型呢？主要可以分为以下六种：

**（1）过程导向型领导。**

如果领导经常说“公司愿景”“个人价值观”“社会使命感”等话语，那么他可能是过程导向型的领导，非常注重过程而并不注重结果。

这样的话，我们的汇报中可以多侧重体现**思维逻辑、工作流程**等内容，在总结过去工作时可以有意识地强调自己是如何通过配合和执行去完成工作，谈未来规划时也可以多谈及具体的执行动作，多提执行细节，并且呼应公司愿景和个人价值观。当然，在汇报过程中并不是以流水账的形式事无巨细地讲，而是在重点的工作中去体现行动本身的意义。

**（2）结果导向型领导。**

如果领导经常说“为了这个销售目标”“为了某个数字”“为了最大价值”等话语，很喜欢跟大家谈利润、盈利、数据，这样领导很大概率是非常注重结果的。起码在当前阶段，他的工作和目标是以结果为导向，因此他更看重最终利益而不是过程。

这时，汇报应该集中火力去突出**数据、目标、方法论、绩效、指标、成绩**等信息，这是他们最关注、最想看到的内容。当然，这里需要提醒的是，并非只有在面对这种类型的领导汇报时才需要讲数据、谈目标。只要是汇报，这些信息都是我们需要提及的，只是在面对结果导向型领导时这些信息尤为关键，如果没讲清楚可能就要被宣判“死刑”了。

**（3）以结果为驱动但没有价值观型领导。**

如果领导的口头禅是“李总说得非常好，我们要坚决执行”“张副总定的目标我们要放在首位”等，嘴里都是公司那几个高层，附和大领导或者老板的观点，那么这样领导没有什么个人价值观，而是会很坚决地执行更大领导的战略。

如果遇到这样的领导，汇报中可以多去体现**战略、价值，多去引用和呼应高层精神**。

**（4）互动型领导。**

如果领导善于交际，喜欢与下属互动交流，喜欢享受别人对他们的赞美，非常热衷参与下属的工作并且分享很多经验，那么他可能就是互动型领导。

这时，我们的汇报中可以多体现**创意、想法、发现**等，这会让领导兴奋起来。此外平时在他手下工作时，最好表现得谦逊得体、不露锋芒、不强出头，在汇报时最好把工作的功劳归功于领导，至少不能忘记赞美他一番:“这都是您领导有方。”在最后的问答过程中也可以找机会向领导请教，让他有机会表达自己的观点，他大概率会很乐意并且很开心。

**（5）细节型领导。**

喜爱抓细节的领导往往是一个清教徒式的人物，崇尚亲力亲为，把每件事情都想得清楚，对问题的可疑之处不回避、不放过，对每一条细节都进行核对，针对汇报中的每一个点都会有很多问题。如果是这样的话，那么他很可能就是细节型领导。

面对这种类型的领导，我们的汇报需要非常**注重逻辑**，要多利用**数据、模型**去进行分析论证，而且一定要确保**信息的准确性**。此类领导特别欣赏与自己气质类型相似的员工，所以在汇报工作中要准备好足够细节，思考问题尽可能地深入全面，提前构想好 AB 问题。如果他的提问我们都能清楚地作答，那么一定能赢得他的青睐。

**（6）整合型领导。**

整合型领导多出现在创业型的企业中，一些头部企业也会有这样的领导。这种领导又可以细分成三种类型：

**①模仿整合型领导。**

如果领导特别关注**同行动态、产品、手法**等，那么他可能是模仿整合型领导。我们在汇报时可以多与同行进行对比，比如可以对比同行谈成绩、谈数据，可以借鉴同行的优秀经验谈反思、谈总结，讲述规划时可以谈谈如何更好融合等内容。

**②加减法整合型领导。**

如果领导做什么事情都喜欢先让大家**头脑风暴**，把所有可以用到或者可能用到的方法罗列出来，最后再逐一筛选，那么他是喜欢做加减法的类型。在汇报中无论是对经验的总结、原因的分析还是对未来的规划，体现思考的全面性特别重要，尤其是在谈及未来规划时，可以先对自己能想到的方向和点子进行列举，再进行分析比对，对最有价值的点子进行放大。

**③跨界整合型领导。**

如果领导喜欢将**不同行业方法论、宣传手法、策划**放到公司业务里谈论，那么他可能是跨界整合型领导。这时，汇报就要迎合领导，大胆发挥创造力，花点心思去展现创意和突出视觉效果。

以上是我们在向不同类型领导汇报时如何赢得领导好感的技巧，在准备汇报前，提前识别领导的类型，采用合适的策略，就能赢得领导对我们的青睐。

# 06 年度业绩平平，方法攻克难题

前面讲了很多如何梳理成果、如何整合、如何放大潜力的方法和技巧，但是如果我们的业绩真的不达标、拿不出手，那应该怎么办呢？

遇到这类问题的人是最困难的，硬是绞尽脑汁，也凑不出几个好看的数据。他们有两种最常见的写法：

第一种，拼命检讨今年的工作，比如“今年目标没有完成，是因为市场行情波动”。

第二种，采取避重就轻原则，重点说干得好的部分，没有干好的部分简略带过。

这两种思路都有问题。推卸责任、憋着不说，领导心里就没数吗？但我们应该怎么解决这个问题呢？

## 1. 业绩不好的正确汇报思路

大家只需要记住一句话：

**只为明年成功找方法，不为今年失败找借口。**

写总结不是为了检讨过去，而是要发现未来的机会。今年没干好，反思问题、寻找原因固然重要，但这个问题并没完全解决。业绩不达标，不代表明年就没机会了。企业更关心的是：明年得干好。

机会是给有准备的人的，这时候考验的是两种准备：

第一种是能力上的。比如，我们对明年有没有想法，有没有思路？有没有根据今年复盘得出的问题调整明年的方向？

第二种，很多人都忽略了，是战斗意志上的。比如，我们是被今年的失败打倒了，还是依旧对明年保有信心？

这两部分，我们都得体现在汇报里。所以一篇业绩不好的汇报的特点可以用八个字来概括——**“客观剖析、昂扬斗志”**。

怎么说呢？我们可以放到汇报的三部分进行分析。

**（1）总结过去。**

客观剖析，是要求我们先在反思上下功夫，对自己不要手下留情，要把自己摘出来，就像评价别人的工作一样，客观地去分析利弊、盘点得失，去找问题，甚至从问题里找到机会点。这里我们注意两点：

**①不要让大环境背锅。**

反思里不要有推卸之词，不能动辄“因为大环境 XXXX”。近年来的大环境不好是人人都知道的，不用再在这里满腹牢骚。

**②不要找客观原因。**

不要过于强调“指标制定不合理”“公司战略不现实”“XX 部门配合不给力”……这只会被贴上“甩锅”“不担责”的标签。

很多人每次在复盘反思时，因为害怕被领导责骂，所以都会不自觉地出现这两种问题，但其实如果能做到客观分析失败原因，该担责时不推脱，以找准问题根本为目的去反思，反而会给领导留下更好的印象。

**（2）明年计划。**

分析完现存的问题，接下来要写下一步的调整策略，并且表现出自己的昂扬斗志，传递我们的战斗力和战斗欲：今年没完成，明年还能继续想办法。

**（3）对自己的评价和盘点。**

这里需要强调，不要只说缺点，还得谈成长。比如“在某些关键能力上，我从 A 状态成长到了 B 状态”“经过一年的历练，我能解决这一类更复杂的问题了”等。

一句很精辟的话送给大家：“度量即干预。”

放到汇报的场景里是什么意思？我不用等着领导评价，我自己也能度量自己的成长。只要我度量了，就会干预所有听汇报的人对我的看法、评价。这个话语权，不只是掌握在领导手里，我们也可以抓在自己手里。

说到这儿，大家肯定有一个担心，这里最难的就是分析问题了。该怎么分析呢？我们准备了一个工具，叫**“3why 深挖法”**。

很多人分析问题，最常见写的就是“市场环境变了”“外部环境变了，我们得加强对外部环境的理解”等，这是在往外找问题。或者有人会说“这是突发性的问题，我控制不了”，我们最多能复盘到人身上，比如说“团队负责这个事的人不行”，但是这样就能解决问题了吗？明年换一个人是不是还有做不好的可能性？就像刚才提到，这样的复盘是不可取的。真正的复盘，得深入问三个“why”，深挖背后原因：

第一问，问到工作流程上。工作流程本身有没有优化的空间？今年我们之所以没有随着市场的变化而调整，是因为我们在流程上缺少了用户研究和竞品研究这两个环节，那我们明年能不能补上？

第二问，问到工作制度上。为什么我们团队不关注外部变化？是不是我们的人员结构、目标导向出了问题，让我们只看眼前的目标，没有精力关注外部？

第三问，问到工作文化、价值观上。我们有没有在团队里建立以客户为中心，或关注外部环境的文化氛围？

我们往下问得越深，就越有可能复盘出问题，也就越有可能找到机会点。世间多少好答案都在苦等一个好问题，我们不是没有解决办法，而是没有挖掘到真正需要被解决的问题是什么。找到了真正的问题点，接下来才能在规划中提出真正有效的调整策略，当我们能在规划中给领导画出一个可实现的“饼”，自然能够赢得领导赞许。

学会为未来找方法，这就是业绩不好时的正确汇报思路。

## 2. 业绩不好的汇报应急技巧

最后，再给大家分享五条应急技巧。通过在展现上做调整，大家在业绩不好的情况下，也能做出精彩汇报：

**（1）质量不够，数量来凑。**

优秀的业绩人员汇报工作时可能只需要将业绩展示出来，可是业绩不佳的人该怎么办？第一个办法就是凑数量。

展示我们的苦劳，说明业务亮点，把自己做业务的过程数据展示出来，比如目前拜访了多少客户、有多少客户有意向、明年预计会有多少客户成交等，要学会给领导“画饼”，当然也不用说得太夸张。

**（2）越是没有内涵，越要注重形式。**

没有具体的业绩内容，那我们就稍微把表格做得好看一点，并且尽量将报告里的低级错误减少为0，用专业的形式暗示老板，我至少是一个认真的人。

**（3）换个角度凸显亮点。**

业绩好确实是亮点，但业绩不好不代表自己就毫无亮点。既然死盯着结果不行，不妨打开思路、提炼亮点。结合上一节学习到的内容，我们可以这样去凸显：

虽然业绩不好，但是我一直在改变，今天的失败是为未来蓄力，量变终将引发质变。比如：

- 相比以往工作，有什么改变的地方，优化了哪些工作流程，这些经验是否可以沉淀，并可规模化复制。
- 通过工作前置，规避了哪些风险，降低了XX损失。

还可以向领导展示自己的工作稳定性，取得的进步对项目发展有什么好处，以表示自己一直在成长。比如：

- 面对未来的XX挑战，我将积极地去对待，这个项目我有十足的把握。
- 为了有更好的工作能力，我将学习XX技能，增强处事的条理性。
- 在时间管理方面，我会有更翔实而主次分明的计划，先做要事，最大限度提升工作效率。

**（4）业绩不好多用图表。**

我们绝不能欺骗领导，但也要尽可能不刺激领导，过于直白或者尴尬的图表可以换一种形式展示，不要突出自己的缺点，而是要突出想突出的地方，比如关键数据。总之，多用图表进行展示。此外，表格的颜色选择也很重要，建议使用温和的颜色，比如，绿色表示希望，蓝色表示冷静，避免用红黄等暖色。

**（5）同样的数据，关键在于"神解读"。**

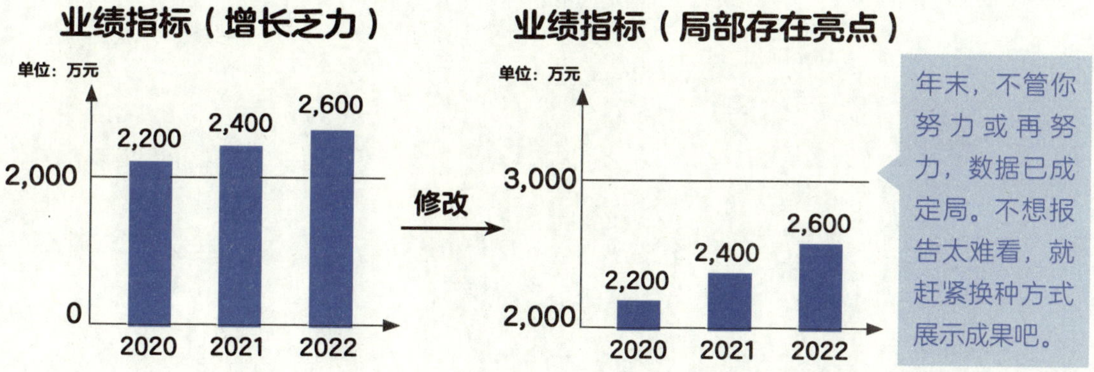


图中的数据相同，只是纵坐标的度量数据不同，修改之前会让领导觉得业绩增长乏力，修改过之后会让领导发现局部增长还不错，有亮点。这就是要换个角度看世界，掌握领导的心理，不能把自己都看不下去的业绩直接甩给领导。

大家要注意，看数据的时候除了要看静态的数据，也得看动态的数据；除了要看整体的数据，也得分析局部的数据。有的数据的静态数字可能不好看，但是一分析它的动态发展趋势，或者从动态趋势中分析一下局部的发展情况，就可能找到一些希望点。

此外，如果数字不好看，那就考虑是否使用增长率了。

比如举办了一场活动，到场人数只有 30 人，这种数据放到年终汇报里面，不仅不会加分，还会减分！

这时就要选择性地呈现数据。

修改之前：一周内用户量从 100 增长到了 130。

修改之后：一周内用户量增长了 30%。

像这样换个角度，做一个简单的改动，领导的关注点就不会被不够优秀的数据局限，而会看到我们的进步和成长。

# 07

# 有业绩远远不够，包装润色也重要

前面我们学会了提炼内容，把好的内容提炼出来了，这个时候我们缺的是包装。适度“调味增色”，比如通过内容上的把控、观点上的凝练、文字上的推敲，把材料加工得更加符合汇报需要，更有“滋味”和“嚼劲”，更能让领导快速接收到汇报人在团队或者企业的价值。

职场上，并非每个人都能在年终汇报时准确有效地体现出自己的付出和价值，除了业绩平平、无突出重点等原因，更大的原因是很多有业绩的职场人，因为不知道如何包装自己的成绩，导致领导看不到自己的价值。

一个好的包装可以提高汇报效果、展示专业素养以及增强自信心。所以，一份原始的年终稿件和一份有润色包装过的稿件是不一样的。比如描述我们的年度规划，有一个点是这样说的：

今年我们需要降低成本，提高我们的利润空间。为了实现这个目标，我们采取了一系列措施，包括但不限：

1. 优化供应链管理，降低采购成本。

2. 优化生产流程，提高生产效率，降低生产成本。

3. 优化人力资源管理，提高员工效率，降低人力成本。

4. 优化营销策略，提高销售额，增加利润空间。

5. 优化财务管理，降低财务成本，提高利润率。

通过这些措施，我们已经取得了一定的成效，成本得到了有效控制，利润空间得到了提高。我们将继续努力，不断优化管理、提高效率，为企业的可持续发展做出更大的贡献。

那么，我们可以为这段规划提炼出一个简洁直观的标题，让领导们可以一目了然看到我们的规划核心，那就是：

**降成本，提利润。**

我们也可以对其系列措施进行包装，让其内容更加直观、呈现更加有效。

润色包装可以帮助我们完美呈现自己的全年业绩答卷，帮助我们得到更好的绩效考评和更多的年终奖，并为第二年的升职加薪以及争取业务资源积累筹码！

我们主要从三个方面入手进行润色包装，包括整体的汇报主题、内容标题以及成果数据。通过这三方面的包装，可以更好地聚焦原来繁琐的工作内容，将其有效地展现出来。

### 1. 汇报主题

汇报的主题也就是汇报的名称。一个好的名称，能让观众迅速抓取到主旨，对下文的阅读有一个明确的方向。

要写好年终汇报的名称，可以考虑以下三类：传统式、数字式、提问式。

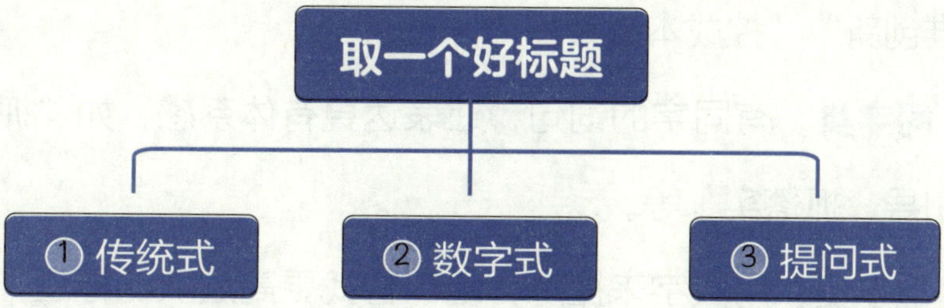


**（1）传统式：**普通的、毫不起眼的主题名称，一般为“姓名 + 年度 + 工作汇报”。大部分职场人用的汇报主题名称都是这种，如“李小明 2023 年度工作汇报”。

**（2）数字式：**标题添加数字，将模糊的信息具体化，同时增强文字的说服力，与文字形成对比，更具吸引力，如“李小明 2019 年终总结：4 大成果与 3 个反思”。

**（3）提问式：**通过提出问题来吸引注意，设置悬念启发思考，引导观众在阅读过程中产生共鸣，如“2022 年策划部凭什么‘一鸣惊人’”。

## 2. 内容标题

汇报的难处有二：一是把事情说清楚，二是把事情说精彩。要说得清楚就要讲逻辑，要说得精彩就要做包装。

做包装一直是汇报的痛点，它讲究的是特定的表达技巧，让内容更有体系感和冲击力。所以我们需要积累表达案例，让自己在苦思冥想时有章可循。这些素材既可以用于取标题，也可以用来写总结句，给文章画龙点睛。我们做了一下归类，一共有八类：

**（1）三字类。**三字组成的词，让表达更有力量感，如“搭体系”“建规则”“推创新”“控成本”等。

**（2）同字类。**有同字的词句，让表达更有体系感，如“抓领悟、抓解读、抓引导、抓落实”等。

**（3）数字类。**用数字来提炼，给内容找更高层次的标题，如“紧盯‘一个核心’”“推进‘三大战役’”等。

**（4）比喻类。**用事物来类比，让表达容易被理解，如“打造提升能力的‘熔炉’”“建设检验能力的‘考场’”等。

**（5）单字类。**强调某个单字，让表达更突出一点，如“在‘统’字上下功夫”“在‘融’字上做文章”“在‘新’字上求突破”“在‘深’字上见实效”等。

**（6）递进类。**通过词组递进，让表达更有冲击力，如“优秀的企业吸引他人，卓越的企业成就他人”等。

**（7）对仗类。**把同类或对立概念的词句放在相对应的位置上使之相互映衬，使语句更具韵味，词语更具表现力，如“打造成长阶梯，成就终身学习”等。

**（8）金句类。**通过凝练的句子总结中心思想，让人记忆深刻，如“用价值观创造价值”等。

### 3. 成果数据

很多人在写汇报时普遍缺乏“用数据说话”的意识。先看几个错误示范：

- 项目上线后，获得了 XX 部门同事的一致好评。

- 该项目的上线，极大程度上规范了 XX 业务环节的数据源。
- 有了这个大屏，会议效率大大提升。

这三句话虽然都体现了数据工作的成果，但只有定性，没有定量，不能给人直观的感受。那么，要怎样做好价值的量化呢？

**（1）关注前后对比。**

对比能给人鲜明的印象和强烈的感受。如“借助数据化手段，核算工作由每次 2 小时降低为每次 10 分钟”。

**（2）巧用百分比。**

从 1 变为 2，只增加了 1，这个变化仿佛不明显。但是换算为百分比，就是增加了 100%，一下子就让人感受到变化之大了。

**（3）分析访问数据。**

报表做得好不好，用户访问数据不会骗人。访问人数越多，说明报表可以支撑的业务范围越广；访问频次越高，说明报表对业务的支撑力度越大。

相信大家在自己的年终汇报里也都写过这样的句子，例如“取得了很大的进展，带来了不错的收益，得到了一定的效果”。这些表述其实是非常模糊的表达，无法让汇报对象客观明确地感知到工作成果，反而可能对汇报产生含糊其辞，说空话、大话的印象。所以，如何利用数据充分量化自己的工作，善用数据汇报重点指标、重点项目，把“数据展示 + 数据分析”相结合，突出图表可视化的优点，成为撰写年终汇报的另一个要点。不管是销售、市场，还是财务、人力等方向的年终汇报，都存在大量的数据可以用于统计分析工作，我们可以借助数据可视化图表，让数据展示更直观。这里给大家提供几个图表展示的小技巧：

**①数据合计分析。**

数据合计分析通常用于统计某项数据的最终结果，即领导最为关心的关键核心指标。如年度营业收入、年度消耗成本、年度净利润等与企业盈利直接挂钩的企业数据指标。

数据的统计展示要一目了然，将决策者最关心的企业核心指标直接呈现出来。如利用数据仪表盘组件统计企业的年度营收总额、年度消耗成本以及净利润三个核心指标，并通过仪表盘的数据合计分析功能，将“数字”清晰地展现出来，使年度营收状况一目了然。

**②发展趋势分析。**

发展趋势分析通常用于了解企业某段时间的财务状况，可直观地表现出某一连续区间内的经营数据或财务比率走势。一方面可以分析数据增减变化是否存在异常，发现企业可能存在的问题；另一方面还可以帮助企业预测未来财务状况，判断企业的发展前景。

此类分析可直接呈现企业发展趋势。通常情况下，可使用折线图进行分析统计，用横轴表示时间（年、月、日），纵轴表示如营业收入、成本支出、利润率等各项指标。

**③数据对比分析。**

有比较才能有鉴别，以推广数据指标体系中的各项数据为例，通过将某项指标与性质相同的指标评价标准进行对比，就可揭示推广营收状况、各渠道推广情况和流量情况。一般来说，对比分析的参照标准有如下四个方面：

时间比较：与上期、去年同期实际数据进行比较；

实体比较：与同行业先进企业或同行业其他企业数据进行比较；

口径比较：与计划或预算数据线相比较；

结构比较：在构成分析的基础上比较两个数据的构成，分析财务指标的变化。

比较数据的大小建议使用柱状图、条形图；比较数据的结构建议使用累积柱形图、累积条形图，这样数据对比更为直观。除此之外，还可以根据分析的具体情况使用其他图表。

**④组成结构分析。**

组成结构分析方法通常可用于对象中各项目组成元素的数据分析，如各推广渠道的消耗组成分析、各部门管理费用组成分析。

通常情况下，表示数据结构组成，图表方面可使用饼图、圆环图、百分比堆积条形图和百分比堆积柱状图进行元素组成分析；元素组成表示数值的大小，可使用堆积条形图、堆积柱状图等图表呈现。另外，对于既需要分析组成结构，又需要分析数据的层次结构时，多层饼图无疑是最佳的选择。

**⑤达成进度分析。**

在财务分析中经常需要展现某项指标或者某项任务的达成进度，如部门业绩完成情况、申报费用进度等。为了更加直观地展示各项指标和任务的进度，一般可以通过堆积柱状图、堆积条形图、甘特图来进行展示。

**⑥影响因素分析。**

在分析财务数据时，数据的影响因素主要有两种不同的指代含义：一是因素分析法，如影响销售收入的价差、量差；二是某一指标到另一指标的各种累积影响。

分析此类多渠道影响因素数据时，瀑布图无疑是最佳的选择，它能够快速将数据进行差异化统计，同时对数据进行累积统计。

合作客户类型所占金额瀑布图

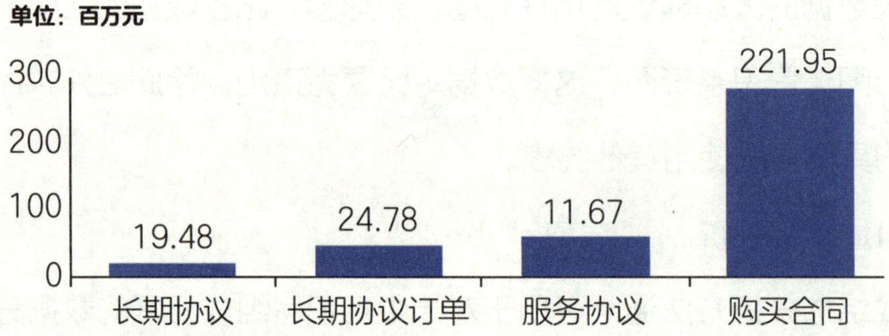

# 08

# 汇报想精彩，PPT 先好看

本节将讲述年终汇报 PPT 最需要的基础框架，以及重要数据、文字应该如何呈现。

PPT 的呈现是年终汇报的重要一环。我们学会了如何撰写年终汇报，接下来就要为我们的年终汇报穿一件“漂亮的衣服”。

年终汇报常见的误区，一定要避开！

╳ 误区 1：动画越炫酷越好

√ 动画太过于炫酷只会让领导觉得你是“内容不够，形式来凑”。

╳ 误区 2：列的事情越多越好

√ 应该把最核心的项目以及成绩呈现出来。

╳ 误区 3：内容越详细越好

√ 把握好重点，把内容精简呈现。

## 1. 年终汇报 PPT 基础框架

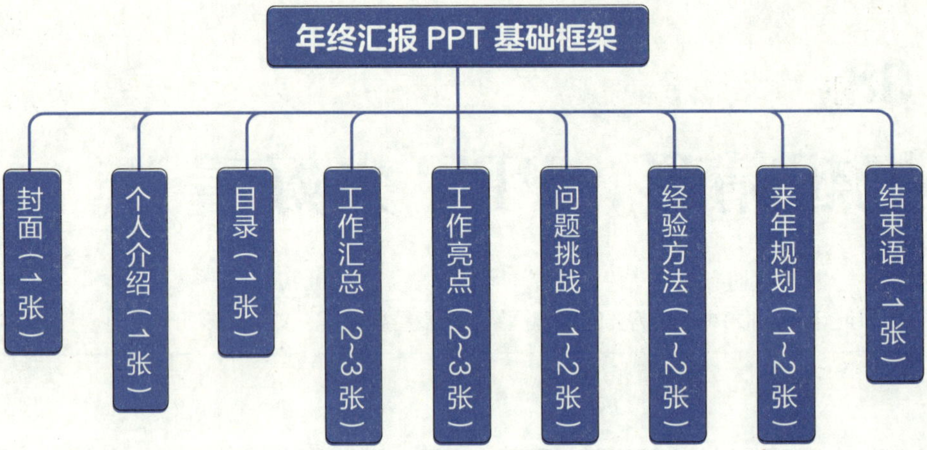


年终汇报的时间在 15 分钟左右，所以年终汇报的 PPT 除去封面、目录、过渡页、结束页，其他内容应该尽量控制在 15 页以内，单页的汇报时间控制在 1 分钟内。依据这个框架适当增减内页的页数，但是整体不要超过 15 页。

## 2. 重点板块呈现技巧——数据篇

PPT 数据的呈现，我们最常用的主要有饼状图、柱状图和折线图三种图表。

根据汇报的数据重点不同，可以分别用不同的呈现图表：

**（1）明确各项明细（饼状图）。**

饼状图适合用来表示“市场份额”或“营业额结构”等内容，能够让各项内容在总计 100% 的份额中所占的比例（百分比）一目了然。

**（2）明确比较数据（柱状图）。**

柱状图适合用来表示“各地区产量”或“各商品销量”等内容，由于各项数据都在同一列进行比较，差异一目了然。一般情况下柱状图都采用竖向柱状图来表示，与表格相比，竖向柱状图可以让观众更直观地体会到各项数据之间的差异。

**（3）明确时间变化（折线图）。**

折线图适合用来表示“各年度营业额增长趋势”或“每月加班时间”等内容。观众可以迅速且直观地理解同一事物随时间的推移产生的变化。折线的角度还可以表示变化的剧烈或是平缓。

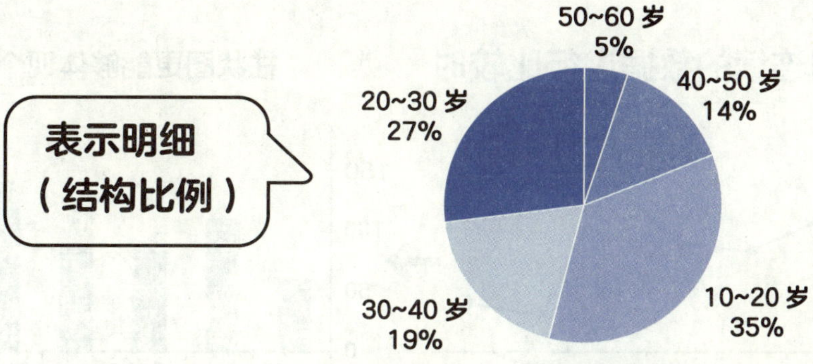

饼状图

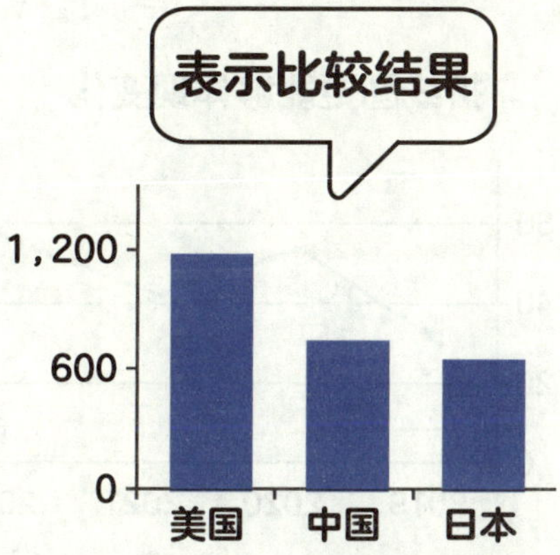

柱状图

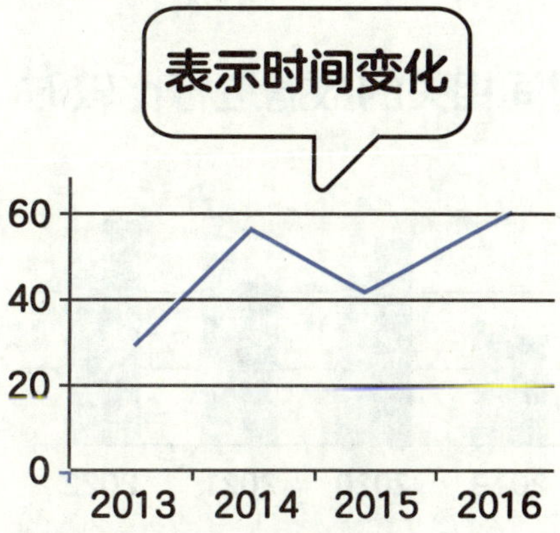

折线图

在表示年营业额等与时间相关的数据时，柱状图和折线图二者都可以使用；但想突出营业额具体的“量”时，宜选用柱状图；而想突出营业额的动态变化时，宜选用折线图。

虽然柱状图和折线图二者都可以表示随时间推移的变化过程，但在用图形表达“各个地区产量”或“不同商品销量”这种相互比较的关系时，由于这些数据之间并不存在连续性，因此应该选择柱状图，而不是折线图。

反之，如果想要比较本公司与竞争对手的年营业额变化（特别是互有胜负）时，同柱状图相比，折线图更加简单清晰。采用柱状图来表达的话，由于二者胜负互有交错，因此看起来不够直观。

**对不具连续的数据进行比较时**

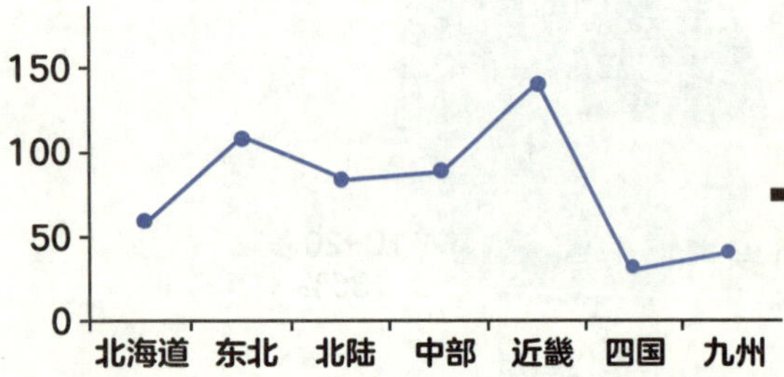


**柱状图更能够体现个别差异**

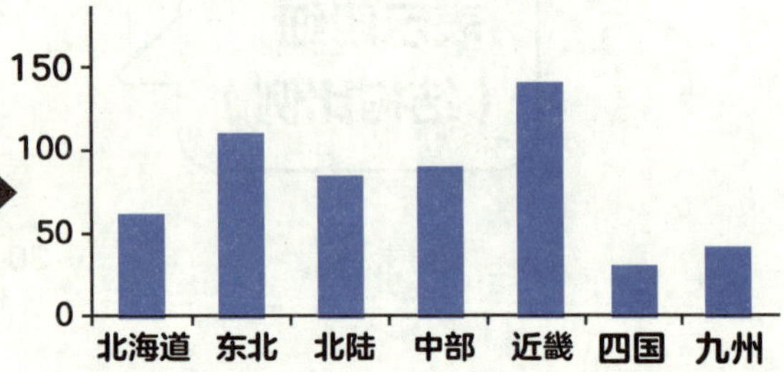


**对时间相关的数据进行比较时**

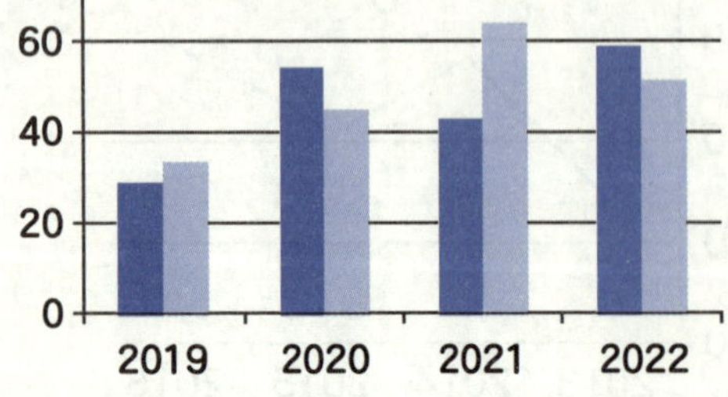


**折线图更能够体现变化**

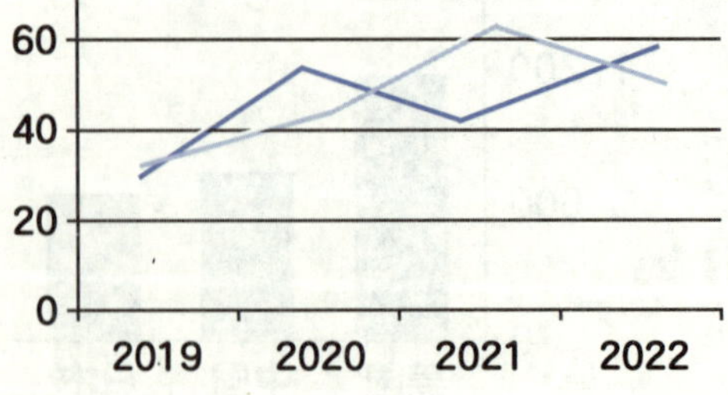

最后为大家介绍一下两个图表应用时的小技巧。

首先，柱状图基本都是竖向的，但在“项目较多”或“项目的文字较多”时，则可以选择“横向柱状图”来进行说明。如下图所示，当选择竖向柱状图时，由于每个项目的文字过长，只能斜着书写，这样数据柱的高度也很难给人带来视觉冲击。而选择横向柱状图时，受众的视线会自上而下移动，信息理解起来也更加顺畅。

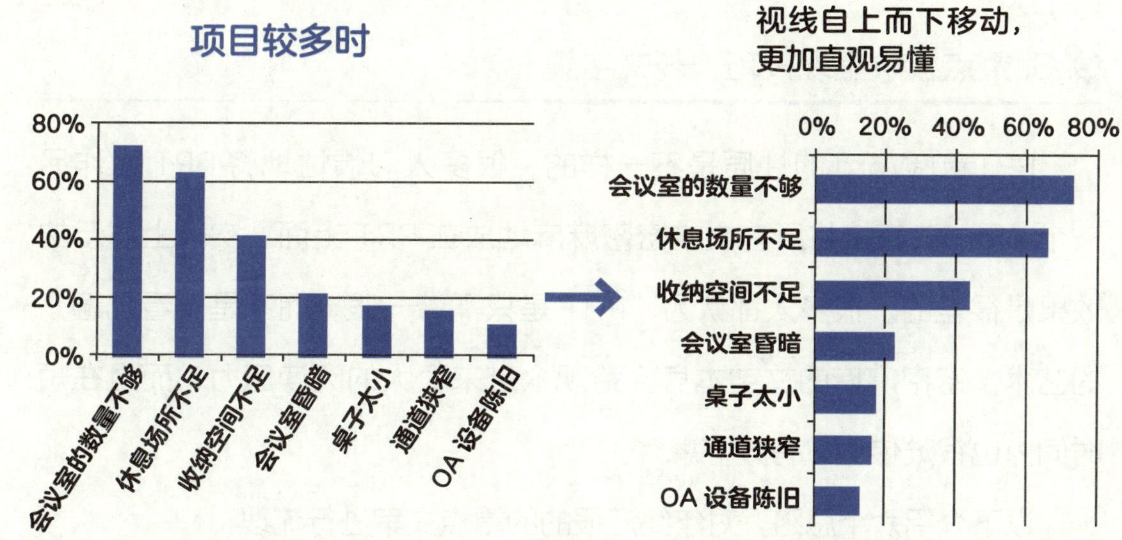


竖向柱状图　　横向柱状图

其次，虽然一般情况下都用饼状图来表示明细（构成比例），然而在表示构成比例随时间的推移发生变化时，应该用百分比堆积柱状图。在下页所示，同各个饼状图中扇形面积的变化相比，通过柱状图中各个四边形的面积进行横向对比的百分比堆积柱状图，看上去更加直观易懂。

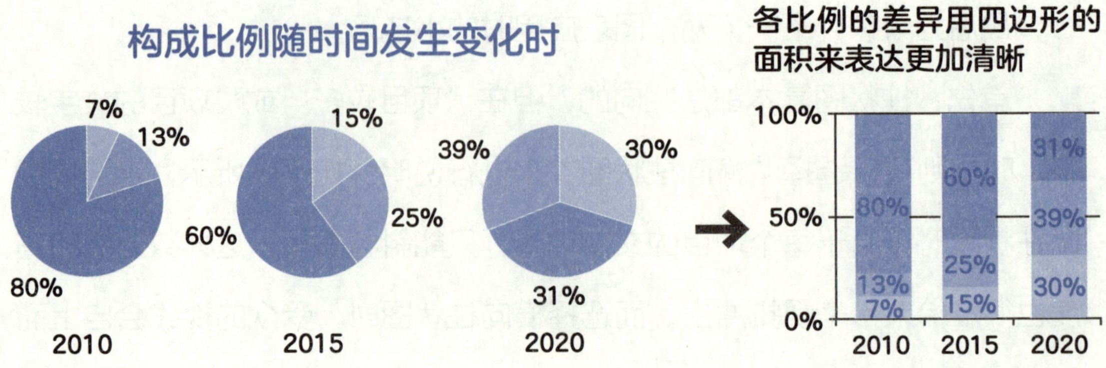


饼状图　　百分比堆积柱状图

## 3. 重点板块呈现技巧——文字篇

PPT 和 Word 的性质是不一样的。很多人习惯性地将 PPT 当作另一个 Word，直接将所有文字密密麻麻地放在 PPT 上面，实际上演示的效果是很差的。很多人都认为“PPT 是只需瞥一眼，而不是多看几遍”的艺术。密密麻麻的文字本身会给观众带来很大的阅读压力，而且在短时间内也很难传达“有效信息”。

以下介绍六个思路，对年终汇报的的重点文案进行梳理：

**（1）删废话。**

只保留总结性的内容，删掉解释和说明性的文字。用 PPT 做汇报时，经常会有带数据的文字段落：

营收情况汇报

截至 2021 年 6 月 30 日，我们来自零售商业的收入为人民币 135,806,000 元，相较 2020 年同期的人民币 101,321,000 元增长

34%。客户管理收入同比增长 14%，主要因为零售市场在线实物商品 GMV 的增长，这也反映出包括推荐信息流在内的变现模式的收入增长，以及搜索变现单次点击平均单价的上升。

这些数据一般都比较重要，所以可以保留核心数据，把其他的文字描述都删除：

营收情况汇报

~~截至 2021 年 6 月 30 日，我们来自零售商业的收入为人民币~~ **135,806,000 元，相较 2020 年同期**~~的人民币 101,321,000 元~~**增长 34%。客户管理收入同比增长 14%**~~，主要因为零售市场在线实物商品 GMV 的增长，这也反映出包括推荐信息流在内的变现模式的收入增长，以及搜索变现单次点击平均单价的上升。~~

留下能强调业绩成绩、市场潜力的数据，强化重点：

# 135,806,000

**相较 2020 年同期增长 34%**

**客户管理收入同比增长 14%**

最后，可以把这个最关键的数据用最具冲击力的方式表达出来，能放多大就放多大：

这种做法还可以狠抓一把观众的注意力，所以也是小米、华为、锤子等各类手机发布会上的“常客”。

当然，也可能会存在文字中既没有总结性语句，也没有明显数据的情况。比如下面这个案例：

组织构成中的主要弱点

科技与互联网公司管理结构有几个重要不足之处亟待在责任重组中被纠正：

1. 缺少公认的公司领导系统（例如管理委员会、CEO、CFO、COO）

2. 主要活动内容不明确，或者地理位置、范围的授权和责任划分界限不清楚

3. 技术部门和行政管理部门存在着实际权力交叉（例如预测权的归属）

这个时候我们就可以手动对段落文字进行删减：

**组织~~构成中的~~主要弱点**

~~科技与互联网公司管理结构有几个重要不足之处亟待在责任重组中被纠正：~~

**1. 缺少公认的公司领导系统** ~~（例如管理委员会、CEO、CFO、COO）~~

**2.** ~~主要活动内容不明确，或者地理位置、范围的~~**授权和责任划分界限不清楚**

**3. 技术**~~部门~~**和行政**~~管理~~**部门存在**~~着实际~~**权力交叉** ~~（例如预测权的归属）~~

PPT 上要展示最简单直接的观点和结论，所以，将形容词、装饰性词句等大胆删掉！

**组织主要弱点**

- 缺少公认的公司领导系统
- 授权和责任划分界限不清楚
- 技术和行政部门存在权力交叉

这样删减之后，PPT 是不是顿时就清爽了很多？

**（2）说人话。**

有时候我们容易陷入“专业思维”，做完 PPT 觉得自己特别厉害，但或许 PPT 上的内容却不被缺少专业知识背景的观众接受。

比如一位在线教育创业者，有机会用 5 分钟向投资人做 PPT 演示，而其中最重要的一页就是要传递“跟竞品相比，自己的产品有什么样独特的优势”，专业人士经常会做成这样：

**竞品分析**

- AI+ 录播确保教学效果的情况下，做到理想化成本结构
- 以互联网为载体，打造人工智能场景化教学课程体系
- 蒲公英式闭环教学，依托微信生态，社群运营能力突出

| 主打产品 | A 产品 | B 产品 | C 产品 | D 产品 |
|---|---|---|---|---|
| 用户画像 | 2~5 线中产家庭 | 一线城市 | 三线城市 | 二线城市 |
| 产品售价 | 1,000~2,000 元 / 年 | 30,000 元 / 年 | 8,000 元 / 年 | 12,000 元 / 年 |
| 师资要求 | AI 教师录播 | 外教直播 | 中外教录播 | 中外教直播 |
| 教师成本 | 0 | 50% | 30% | 30% |
| 销售方式 | 社群及微信营销 | 电销 | 微信营销 | 微信营销 |

这页专业是专业，但有个很大的问题，那就是存在专业屏障。没有专业基础的观众无法在短时间快速理解“AI 录播”“人工智能场景化”“蒲公英式闭环教学”等概念。所以，此时应该用最通俗的大白话表达，引发对方的兴趣。

**竞品分析**

同样的教学效果，只要竞品 1/10 的价格

| 主打产品 | A 产品 | B 产品 | C 产品 | D 产品 |
| --- | --- | --- | --- | --- |
| 用户画像 | 2~5 线中产家庭 | 一线城市 | 三线城市 | 二线城市 |
| 产品售价 | 1,000~2,000 元 / 年 | 30,000 元 / 年 | 8,000 元 / 年 | 12,000 元 / 年 |
| 师资要求 | AI 教师录播 | 外教直播 | 中外教录播 | 中外教直播 |
| 教师成本 | 0 | 50% | 30% | 30% |
| 销售方式 | 社群及微信营销 | 电销 | 微信营销 | 微信营销 |

放弃使用一些专业性的词汇，直接用对方听懂的方式说出亮点，让别人最轻松直接地理解你的优势，这样才是合理的演示。而这个提炼的方式就俗称：说人话！

**（3）概括化。**

删减内容虽然爽，但领导有时候要求 PPT 上的内容一个字都不能删，怎么办？

如上图所示，如果把全部文字直接堆砌到 PPT 上甩给领导，这会让领导感觉汇报人的偷懒和不负责，也就很难获得领导的好评。

我们可以保持原稿的内容一字不删，但给每一段都增加一个概括该段落的小标题：

### 科技行业人事管理的需求

**决策支持**

结合其他业务数据，提供及时、准确且直观的数据分析报表，为企业的战略规划和监控提供数据支持。

**人才激励**

有效进行绩效和薪酬管理，促进人才队伍建设，建立健全人才激励机制，有效激励员工，全力留住人才。

**效率提升**

提高员工、业务部门经理和企业 CEO 对人事管理的参与度，提高人力资源部门的工作效率和满意度。

**信息更新**

人员多，异动频繁，结构复杂，劳动纠纷发生概率高，加强对人力资源信息管理的及时性、准确性和完整性。

**招聘管理**

完善招聘规划、招聘实施、招聘效果，分析这一系统流程，做好招聘管理，满足企业对人才的需要。

**成本控制**

企业生产计划变化大，员工调班、调线情况多，通过灵活、精细化的管理提高考勤管理效率，控制人力成本。

你会发现，这一页上文字虽然变多了，但阅读负担却大大降低下来。

**（4）结构化。**

在职场中，尤其对于很多职场新人来说，工作很琐碎，耗费时间并不少，却又不是什么惊天动地的业绩，放在 PPT 上好像很平淡，可如果不放又没什么能说的了，就会感觉比较尴尬。

如下面这段文字，列了很多工作内容，都是部门日常工作的零零碎碎。如果展示这样一笔流水账，很难让人认为你的工作做得好：

- 制定并下发笔记本电脑管理制度
- 某网站排名分析系统利用旧数字电视服务器 1 台
- 为信息室新进人员调配 10 台电脑

- 1 台传真机、2 台闲置电脑修复后重新使用
- 为新成立的服务支撑班组调配了电脑 14 台、电话 6 部、传真机 1 部、打印机 2 部
- 1 月份全面清点了现有资产、回收闲置资产
- 189 抢号利用旧服务器 1 台

我们需要重新调整这些内容的顺序，并进行结构化的归类整理：

- 制定并下发笔记本电脑管理制度
- 1 月份全面清点了现有资产、回收闲置资产

- 为新成立的服务支撑班组调配了电脑 14 台、电话 6 部、传真机 1 部、打印机 2 部
- 为信息室新进人员调配 10 台电脑

- 1 台传真机、2 台闲置电脑修复后重新使用
- 某网站排名分析系统利用旧数字电视服务器 1 台
- 189 抢号利用旧服务器 1 台

借助领导的成本管理思维，用领导熟悉的语言说明琐碎的工作和重要的成本控制工作之间的联系，把总结出来的要点与领导关心的问题直接挂钩，让领导能直观地看到你的工作价值：

**强化资产的管理**

- 制定并下发笔记本电脑管理制度
- 1 月份全面清点了现有资产、回收闲置资产

**优化资源的调配**

- 为新成立的服务支撑班组调配了电脑 14 台、电话 6 部、传真机 1 部、打印机 2 部
- 为信息室新进人员调配 10 台电脑

**提高资产利用率**

- 1 台传真机、2 台闲置电脑修复后重新使用
- 某网站排名分析系统利用旧数字电视服务器 1 台
- 189 抢号利用旧服务器 1 台

你看，是不是列出的事项其实没有变，但给人的感觉却不一样了？

**领导重视，部门支持，资产管理进一步加强**

**强化资产的管理**

- 制定并下发笔记本电脑管理制度
- 1 月份全面清点了现有资产、回收闲置资产

**优化资源的调配**

- 为新成立的服务支撑班组调配了电脑 14 台、电话 6 部、传真机 1 部、打印机 2 部
- 为信息室新进人员调配 10 台电脑

**提高资产利用率**

- 1 台传真机、2 台闲置电脑修复后重新使用
- 某网站排名分析系统利用旧数字电视服务器 1 台
- 189 抢号利用旧服务器 1 台

一般来说，“结构化”不仅是一种技巧，更是一种好的思维习惯、一种能力，让领导和同事觉得我们条理清晰。

**（5）公式化。**

如果文字中有比较明显的“加减乘除”“之和”“之差”之类的表达，可以用简化后的公式来做提炼。

比如以下这份原稿：

**如何收获成功？**

积七八十年之经验，我认为，天资加上勤奋和机遇可以通向成功。谈到“天资”，首先必须承认，人与人之间天资是不相同的，这是一个事实，谁也否定不掉，天资是由“天”来决定的，我们无能为力；谈到“机遇”，往往为人所忽视，其实它是存在的，而且有时候影响极大，机遇不期而来，我们也无能为力；至于“勤奋”，一向为古人所赞扬，韩愈的“焚膏油以继晷，恒兀兀以穷年”，更为读书人所向往。如果不勤奋，则天资再高也毫无用处。事理至明，无待饶舌。只有“勤奋”一项完全是自己决定的，我们必须在这一项上狠下功夫，才能迈向成功之路。

我们可以看到有“加上”这样的关键词表述，所以可以把相应的关键词也都找到：

**如何收获成功？**

积七八十年之经验，我认为，**天资加上勤奋和机遇可以通向成功**。谈到**“天资”**，首先必须承认，人与人之间天资是不相同的，这是一个事实，谁也否定不掉，天资是由“天”来决定的，我们无能为力；谈到**“机遇”**，往往为人所忽视，其实它是存在的，而且有时候影响极大，机遇不期而来，我们也无能为力；至于**“勤奋”**，一向为古人所赞扬，韩愈的“焚膏油以继晷，恒兀兀以穷年”，更为读书人所向往。如果不勤奋，则天资再高也毫无用处。事理至明，无待饶舌。只有“勤奋”一项完全是自己决定的，我们必须在这一项上狠下功夫，才能迈向成功之路。

然后把表达观点的强调句也保留下来：

**如何收获成功？**

积七八十年之经验，我认为，**天资加上勤奋和机遇可以通向成功。**谈到**"天资"**，首先必须承认，人与人之间天资是不相同的，这是一个事实，谁也否定不掉，天资是由"天"来决定的，我们无能为力；谈到**"机遇"**，往往为人所忽视，其实它是存在的，而且有时候影响极大，机遇不期而来，我们也无能为力；至于**"勤奋"**，一向为古人所赞扬，韩愈的"焚膏油以继晷，恒兀兀以穷年"，更为读书人所向往。如果不勤奋，则天资再高也毫无用处。事理至明，无待饶舌。**只有"勤奋"一项完全是自己决定的，我们必须在这一项上狠下功夫**，才能迈向成功之路。

这样就可以将这些内容提炼出来，用一个公式来简化表达：

如何收获成功？

成功 = 天资 + 机遇 + 勤奋

只有勤奋一项完全是自己决定的，我们必须在这一项上狠下功夫

最后为文字衬上色块，强调重点：

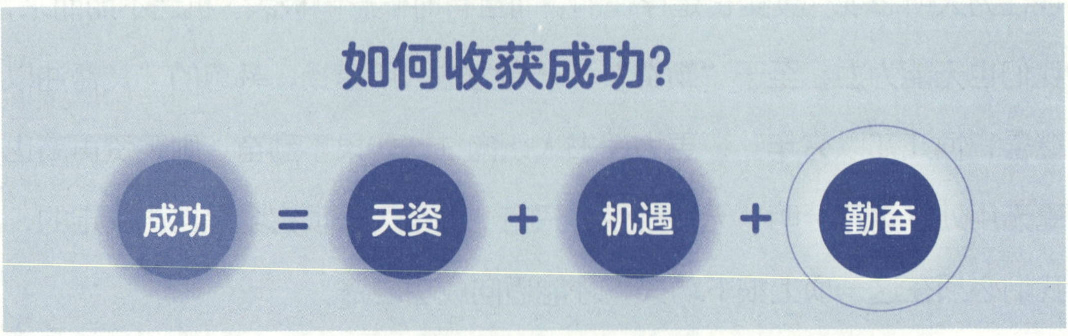

**（6）可视化。**

如果 PPT 文字占整个版面太满，会让人感觉很压抑，就比如这份原稿：

2021 年高校应届毕业生的职业发展规划

对于个人未来的职业发展规划，在 2021 年毕业的高校学生中，有近 40% 的人表示会直接进入职场，超 25% 的人为求安稳而选择备考公务员或者事业单位，有近 18% 的毕业生表示有延缓就业继续攻读更高学历的计划。除此之外，还有超 15% 的应届生有创业的计划，不安于现状以及尝试更多发展可能性是这届年轻人创业的最主要原因。

我们已经讲过可以删除多余的话，把带有数据的内容精简出来：

**2021 年高校应届毕业生的职业发展规划**

**对于个人未来的职业发展规划，在 2021 年毕业的高校学生中**

- 有近 40% 的人表示会直接进入职场
- 超 25% 的人为求安稳而选择备考公务员或者事业单位
- 有近 18% 的毕业生表示有延缓就业继续攻读更高学历的计划
- 除此之外，还有超 15% 的应届生有创业的计划，不安于现状以及尝试更多发展可能性是这届年轻人创业的最主要原因精简是精简了，但数据的对比却不够直观。所以，我们可以用图表的方式进行可视化表达，直观地看到多与少的对比：

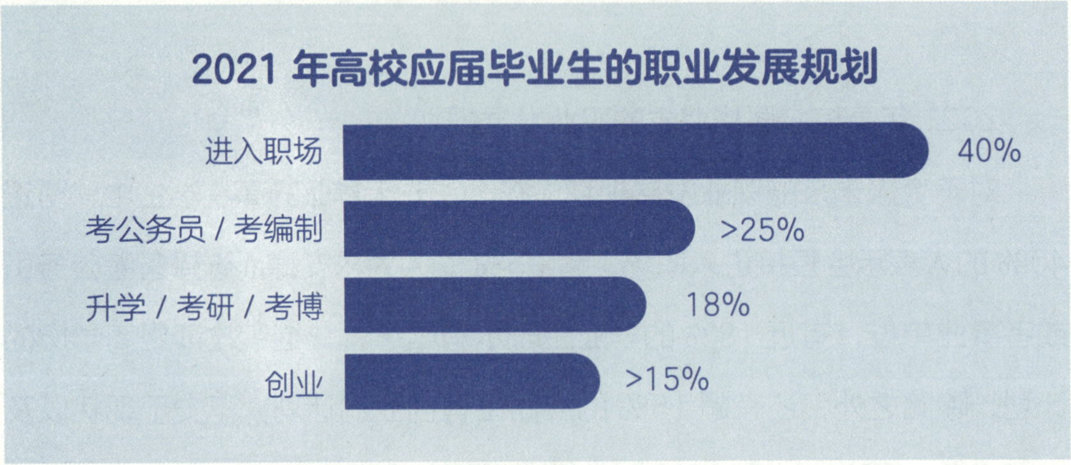


然后可以再添加图标，让数据的可视化更加直观：

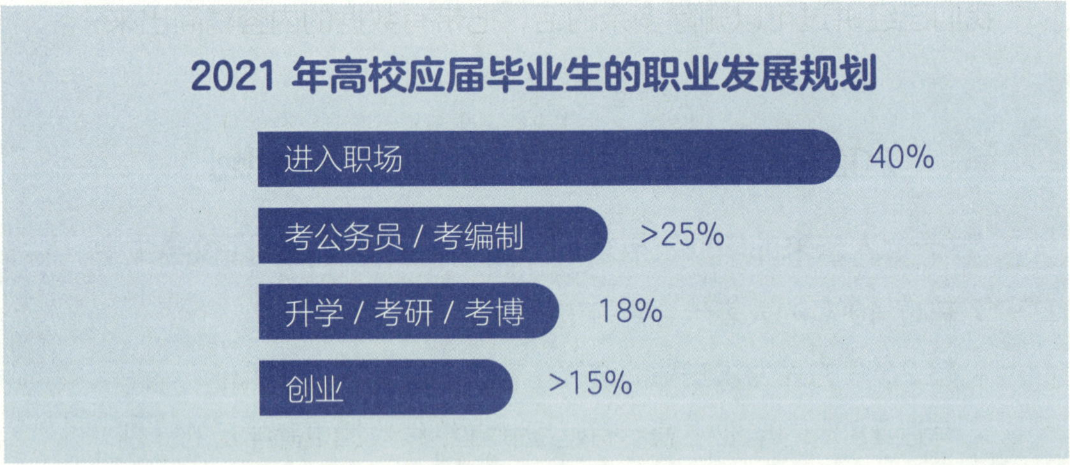


以上就是提炼内容的六种方式。严格来说，内容提炼需要大量的思考，所以很多人会选择逃避，然而，在这个事情上并没有捷径。关键还是看自己，是不是真的理解了“PPT”名称的真正含义——“Power your Point”。

# 第二章 强表达：表达现能力

- 01 表达有成效：高效汇报模型
- 02 开篇吸眼球：突出“总成果”
- 03 中场获信任：展现“亮难点”
- 04 结尾赢掌声：展示“积极性”

# 01

# 表达有成效：高效汇报模型

年度有业绩，领导不满意，表达有漏洞……这是大部分职场人觉得困扰的地方。一年下来做了很多事，但领导和业务部门却没有感觉；做年终汇报时，不知道该说什么；不敢讲、不会讲总是让我们在领导面前减分。

在职场上，经常听到的话就是：

“在职场里，要想升职加薪，不但要干得好，还要汇报精彩，不然你就只能做一头默默无闻的职场老黄牛。”

“只会干不会说，真心累。”

学会准确且高效地汇报工作，是每个职场人的必修课。不会说话的人，即使业绩好，也可能让领导反感；会说话的人，即使业绩暂时不够理想，也会得到领导的重视。

根据众多职场人的汇报痛点分析，最常见的汇报问题主要体现在：

- 说不出重点，无法体现自己在这个岗位上的重要性；
- 汇报无条理，思维混乱导致前言不搭后语；
- 表达不清晰，工作的高光时刻没有通过汇报表现出来；
- 紧张不自信，汇报场合无法让领导看到自己的潜在价值。

所以，在汇报时想准确又高效传达我们的价值，需要遵循六字汇报原则：完整、清晰、有效。

一次完整的汇报，不要遗漏任何重要信息。如果我们的汇报东一榔头西一棒子，很难让领导在我们的汇报中获得重点信息，这可能会导致领导对我们的汇报内容产生疑问或不信任。职场上最常见的就是漏掉自己的核心业务，比如在汇报中我们只提自己做得好的点，对于大家都知道的重大失误却闭口不提，也会导致观众对我们的汇报内容产生疑问。

汇报内容要清晰易懂，不要使用过于专业或复杂的术语，最好形成结构化的表述，通过一些模型告诉领导和同事我们是如何开展工作的，同时也避免在阐述的时候思维混乱，才能有助于清晰地传达相关信息。

最后就是汇报内容要有效，要能够达到预期的效果。如果我们在汇报中没有突出重点或者因为不自信而表达失水准，就会让领导误判自己的能力。

如果汇报出问题，有可能让我们来年的升职加薪大计泡汤，所以一定要重视年终汇报，既要把工作做好，又要把汇报说好。

如何说好年终汇报就变成了很多职场人的困惑，大家不知道从哪里说起，也不知道有哪些汇报的顺序。但是，汇报是有逻辑、有顺序的，我们可以使用“开中结演讲法”，这个方法依据的就是想领导之所想。到底领导想听什么？要明确的是，不管什么领导，都非常抗拒流水账式的工作罗列，他们更希望听到我们对公司的贡献、我们在公司的成长以及价值。

“开中结演讲法”其实非常简单，就是“开篇—中篇—尾篇”。

有人会说，这不就是和我写故事的模型一样吗？是的，讲好年终汇报就这么简单。

首先，要有一个吸睛的开场，突出工作的总成果，让领导与同事留下深刻的印象。第一印象好，我们的汇报基本上成功了一半。

接着，在汇报中要突出自己的能力，通过一个又一个亮点的呈现、难点的攻克、经验的总结，让领导与同事认可自己的能力。

最后，是展现自己的潜力，通过精细的计划呈现，让领导与同事为我们的想法拍手叫好，为这场年终汇报画下完美的句号。

希望通过学习这个方法，大家能够更好地准备自己的年终汇报，展示自己的工作成果和未来的发展计划，从而在职场中更加出色！接下来，我们将围绕这个方法，仔细拆解各个模块进行具体分析。

# 02 开篇吸眼球：突出“总成果”

在我的职业生涯里，每到年终特别是年尾的时间段，就会有学员主动向我申请年终汇报的个人辅导。在和大量的学员接触，帮助他们解决问题之后，我发现过去很多职场人在做总结时，上台的第一时间都会说一些问好、感谢之类的话语。

实际上，大家自己也会发现，这种开场既没有新意，也无法在第一时间引起大家的注意。如何吸引观众的注意、如何在短时间内建立信任和共鸣，让他们更好地理解和接受我们的工作信息，已经成为我们想要在年终汇报中迫切解决的问题。以下分享一些经验和实用技巧方法，可以让我们学会、学懂直到灵活运用。

从前面我们学到的“开中结演讲法”可知，一个好的开场，也意味着年终汇报成功了一半。这里面涉及一个概念：首因效应。

首因效应又叫“优先效应”或“第一印象效应”，是指人在认知过程中，通过“第一印象”最先输入的信息，对自己以后认知产生的影响作用。

汇报开场是我们与观众建立联系的第一步。如果开场白无法吸引观众的注意力，他们可能会失去兴趣，从而无法理解汇报的内容。因此，一个好的汇报开场可以帮助我们吸引听众的注意力，让他们更好地理解汇报的内容。

此外，如果能够在开场白中表达出我们对观众的关注和理解，他们会更愿意听取我们的建议和意见。因此，好的汇报开场可以帮助我们建立信任和共鸣，从而更好地传达信息。

如果第一时间就能吸引观众的注意力，他们会更加专注于汇报的内容，从而更好地理解和接受我们的信息。因此，好的汇报开场可以提高汇报效果，让我们的汇报更加出色。

## 1. 开场“雷区”

很多人问我：“老师，每次汇报的时候，我才开始，就看到下面的领导和同事眉头都皱到一起了。有没有什么方法可以打破这个僵局？”

根据这些同学的开场汇总了一下，大家看看自己是否也有这种“自杀式”的开场行为：

╳ 同质式开场

“大家好，我是小 A，我今天的汇报主题是……”

根据多年的职场管理经验，领导听到这些，内心只会想：下一个是谁？能不能来点新意？

╳ 演戏式开场

“啊，金秋十月，桂花飘香，我们迎来了收获的季节……”

下面的同事也好，领导也好，听到这里可能不仅仅是皱眉头的问题了，还可能捂着脸低头发笑。

╳ 道歉式开场

“很抱歉，时间太紧，我没来得及准备这次汇报……”或者“本来我不想讲的，但是 XXX 非要我讲……”

领导与同事听了，只会觉得汇报人做事不认真、借口多，不管年度业绩有多好，汇报人很大可能第一时间被排除在升职加薪的名单之外。

## 2. 开场招数

好的开场招数有哪些？主要是“An+B”的形式。其中 B 指的是年终汇报环节里面的工作汇总；而 A 分别有想象法、问题法、数字法和承诺法。比如：

√ 想象法

假如你是销售团队主管，可以这样说：

想象一下，当你的团队这一年反复面临着经济下行、竞争对手打压、团队人员动荡等情况，要做到 500 万元的业绩是不是难度很大？但我们团队成功地做到了……+ 工作汇总（2023 年是公司战略大调整的一年……）

√ 问题法

假如你是培训部的经理，可以这样说：

你们当中有多少人用了人生近一半的时间在开会，而且觉得会议的效率并不高？如果我们能提高效率的话，拿出两个小时的时间学习，值不值得？ + 工作汇总（2023 年我们在公司内部推动了高效会议的改革……）

√ 数字法

假如你是 IT 部门的主管，可以这样说：

2023 年我们公众号上的粉丝数，从 1,000 增加到 10 万；线上商城下单量的占比，从去年的 10% 增加到今年的 40%。接下来的汇报，为大家揭晓在如此困难的经济环境下，我们团队是如何做到的。+ 工作汇总（2023 年开年时，当时全行业都处于线上运营困难的情况，我记得公司 X 董给我们团队的目标是……）

√ 承诺法

假如你是某教育机构的课程运营主管，可以这样说：

从现在开始的 15 分钟，通过我的这场汇报，你将了解到我们部门为何能在一年内每个月的转化率都逐步提高的三个宝贵经验。+ 工作汇总（今年是知识付费竞争异常激烈的一年，但是……）

以上四种开场方式，可以很好地帮助我们第一时间吸引观众的注意。

## 3. 万能开场公式

我们从上文了解了 A 的四种开场招数，而招数中的 B 则是通过心理学的“首因效应”和以往学员的真实案例结合，形成的一个万能公式：背景 + 领导 + 做法 + 效果。

**（1）背景。**

先用一两句话交代年度的工作背景，如“XXX 年是公司战略转型第一年，也是公司断臂求生的大考之年”。这样的开头，把自己的工作置于公司战略发展的大背景下，显得高端大气。

**（2）领导。**

如“在领导的正确指挥和大力支持下”等开头。因为任何一项工作都离不开领导的支持，工作汇报中要写明领导的作用，这虽然是套话，但也是少不了的。

**（3）做法。**

用言简意赅的几句话或几个关键词概括自己全年工作的主要特点、亮点，能拿得出手的东西要在一开始就拿出来。如学员小黄是人力资源招聘专员，他是这样说的：“招聘工作是线上撒网、线下摸鱼，优化流程，精准招聘。”用“线上撒网、线下摸鱼”的生动比喻，能瞬间引起领导的兴趣。

**（4）效果。**

接下来可以用一两句话对自己一年的工作成果进行总结性概括，比如关键做法或工作亮点带来了什么样的成果。设计工作汇总开场最核心的原则是重要的话要放在开头说，要把工作汇总中最精华、最能引起观众注意的内容最先抛出来，这样既可以把观众牢牢留住，也便于自己顺着开头找到叙述的方向。如小黄接着说道：“圆满完成了公司下达的招聘任务，招聘入职率提高了 45%，新员工留存率提高了 16%。”

工作成果的数据很多，挑最关键的、最亮眼的一两个数据放在开场就行了。

**案例拆解：**

A 数字式：2023 年我们部门面试了 6,732 人，其中管理岗位招了 20 人，普工招了 150 人。

B：

（背景）我们都知道 2023 年是公司战略转型第一年，也是公司断臂求生的大考之年，新的业务来临，每个部门都忐忑不安，有过焦虑，也有过难受。

（领导）但是在 XXX 领导的正确指挥和大力支持下，每个人都坚持下来了。

（做法）特别是我们人力资源部门，通过学习教育、选拔任用、监督管理和人才队伍建设等方面的一系列探索，取得了一定成效，为企业实现持续、健康、稳定、高质量发展提供坚强组织保障和人才支撑。我们的核心工作就是招聘工作，通过线上撒网、线下摸鱼，优化流程，精准招聘。

（效果）最终在整个部门的努力下，圆满完成了公司下达的招聘任务，招聘入职率提高了 45%，新员工留存率提高了 16%。

**表 2-1 汇报开场设计表**

| 万能公式：An+B | | | |
|---|---|---|---|
| | **可选方法** | **用法** | **填写** |
| An（**四选一**） | 想象法 | 1. 引发想象（描述情景）<br>2. 反转（虽然很难，但是我们做到了）<br>示例：想象一下，当你的团队面临……的困境时，要取得 300 万元的业绩是不是很困难？但是我们做到了…… | |

（接下页）

（接上页）

| 万能公式：An+B | | | |
|---|---|---|---|
| | 可选方法 | 用法 | 填写 |
| An（四选一） | 问题法 | 抛出封闭式问题<br>示例：客户是我们公司的生存之本，大家同不同意？ | |
| | 数字法 | 列举能引人惊叹的数据，引发兴趣<br>示例：2023 年我们公众号上的粉丝数，如何从 1,000 增加到 10 万，接下来我的汇报将为大家揭秘。 | |
| | 承诺法 | 和观众利益关联，给出观众能获得收获的承诺<br>示例：接下来的 15 分钟里，通过我的汇报，你将来了解到我们部门为何能每个月的转化率都在提高的三个宝贵经验。 | |
| | 步骤 | 用法 | 填写 |
| B | 背景 | 用一两句话交代年度的工作背景 | |
| | 领导 | 点明领导的支持和作用 | |
| | 做法 | 用几句话或几个关键词概括全年工作的主要亮点 | |
| | 效果 | 上述的关键做法或工作亮点带来的成果 | |

# 03 中场获信任：展现“亮难点”

有了一个亮眼的开场之后，汇报的中途我们就要展现自己的能力。相信很多人都会遇到同一个问题：工作不就是这些内容吗？还能怎么展现？

其实问题已经说到点子上了，“就是这些内容”。可是如何把年终汇报说得清晰、说得让人愉悦，这是需要一定技巧的。

年终汇报最忌讳的就是啰唆。很多人往年都是用流水账的形式去汇报，把自己感动了一通，觉得这一年下来自己真的做了好多事儿，但在领导看来却完全抓不住重点，也不知道你到底做了什么。所以这种形式除了听起来工作内容很多，就再也找不到优点。职场上如果是靠量取胜的，相信很多人的职场生涯早就一路绿灯，直达升职加薪的顶峰。职场上，我们的工作侧重并非量，而是质，是你的成果、你的潜力还有你能为公司或团队带来的经验方法论等。所以我们需要时刻记得，只有把自己的价值最大化，升职加薪才会更快找上门！

我们到底在年终汇报中说什么？我们要告别流水账式的汇报，不再啰嗦，一步到位说重点。

先回顾一下我们的“开中结演讲法”：开篇—中篇—尾篇。现在我们再侧重分析具体的工作内容，我们将其拆解为三个板块，分别是工作亮点提炼、问题挑战分析以及经验方法输出。通过这三步，我们可以一套流程走下来拿捏住领导和同事。

## 1. 工作亮点：STAR 模型

回顾一下，“亮点”的定义是什么？能实现目标的事才是亮点！所以我们的工作亮点需要侧重体现工作成果。亮点时刻就是展示自己高光时刻的环节，但是也不能过分夸大自己的功劳和成就，因为比起邀功，更重要的是，我们做了什么出色的事情、是怎么做的，总的来说，就是在团队或者企业做出成就的事件。

我们在汇报时要展示自己的工作亮点，也就是我们的高光时刻，可以通过 STAR 模型去描述我们在工作时的成就事件。如下图所示：

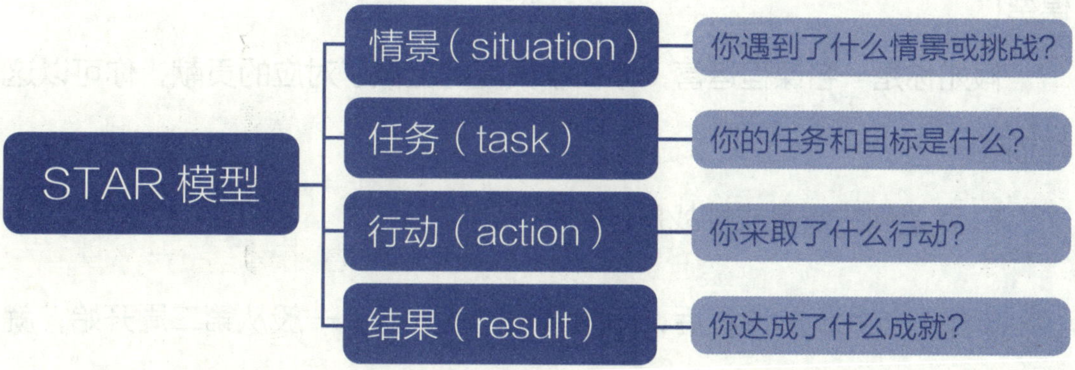


STAR 模型有多好用，举个例子你就知道了。比如，小李在大三暑假参与实习，实习内容是去工地搬砖，搬了一个月，拿了钱就走人。针对这个实习内容，看看职场小白和达人都是怎么描述的吧——

职场小白：大三暑假在工地打工，把砖从卡车搬到工地，每天推着

小车送砖头，一个月后工资结清结束实习。（平铺直叙，没有任何亮点）

职场达人：大三暑假参与北京市郊区基建改造工程项目，主要职责包括基础建材的运输和堆叠，以确保后续建造任务的顺利进行。过程中采用了 XX 评估法和 XX 测算法，构建了 XX 基建材料运输的基本模型（其实就是从小车到工地，两点之间直线最短的距离），最终在团队的努力下，北京 XX 区 XX 基建改造项目顺利完成，解决了周围居民的 XX 难题。（运用了 STAR 法则，拆解了自己当时做的项目，补充了方式、方法和手段）

同样是搬砖，会用和不会用 STAR 模型的人表达出来就是两种感觉。后者会让人觉得，你这段经历很充实，很有意义。我们不需要把工作效果讲得很浮夸，只要用 STAR 模型做包装就可以。

接下来我们再通过一个案例，来看看职场上应该如何具体运用 STAR 模型：

假如你是一名课程运营，你在学员复购上做了对应的贡献，你可以这样描述——

S: 我遇到的情景或挑战是什么？

学员参与我们的课程后，因为课程难度加深，一般从第二周开始，就会变得有些懈怠，往往这个时候的学习情况会影响后续课程的续费率。

T: 我的任务和目标是什么？

将学员的复购率提高 33%。

A: 我采取了什么行动?

1. 在课程进入第二周后，我会每天在群里分享优秀学员的笔记。

2. 针对后台常见的问题，会重点集中讲解，开“加餐课”。

3. 对于一些学习进度过慢的学员，会私聊他了解是因为客观原因影响了学习进度，还是因为课程太难遇到了困难并针对他的问题予以辅导。

R: 我达成了什么成就 ?

1. 学员复购率提高 42%;

2. 学员完课率提高 61%。

**表 2-2 STAR 模型（工作亮点描述）**

| 案例 | | |
|---|---|---|
| 某销售主管想在汇报中描述自己在推动新产品售卖的贡献。 | | |
| **步骤** | **用法** | **亮点描述** |
| **S（情景）** | 交代你遇到的情景或挑战 | 新产品上市，市场竞争激烈，且我们缺少先发优势和品牌曝光度，同时，销售团队新建立，对该产品的了解度不足。 |
| **T（任务）** | 说明你的任务和目标 | 我的目标是完成销售额 500 万元的目标，并建立起专业的销售团队。 |

（接下页）

（接上页）

| 步骤 | 用法 | 亮点描述 |
|---|---|---|
| A（行动） | 描述你为了达成目标而采取的具体行动 | 为了实现这个目标，我采取了以下行动：1. 我带领销售团队与产品开发团队保持密切合作，确保产品能够满足客户需求。2. 我制定了一项全面的市场营销计划，包括在线广告、社交媒体推广和参加行业展会。3. 我对销售团队进行培训，使他们了解产品的特点和竞争优势，以便更好地向客户推销。 |
| R（结果） | 行动最后达成的成就 | 我们实现了销售目标的 160%，并且团队成员个个都能独当一面。 |

**表 2-3 STAR 模型——自我练习**

| 步骤 | 用法 | 亮点描述 |
|---|---|---|
| 情景 | | |
| 任务 | | |
| 行动 | | |
| 结果 | | |

## 2. 问题挑战：空雨伞模型

前面讲到的 STAR 模型是在事实的前提下对自己猛夸，接着我们要落地，让领导们、同事们感受到我们的“接地气”。所谓问题挑战，可以理解为本年度工作中某些完成得不太理想的工作，或是踩到的一些“坑”，这也是很多人最不愿面对的部分。

针对这个部分，大家有两种常见的操作方法：一类是选择避而不谈，以为自己耍点小聪明能把这些事糊弄过去；还有一类则提出问题，但是各种甩锅，责怪客观原因。这两种做法其实都特别不好，那正确的做法是什么？这里我将介绍大家使用麦肯锡的“空雨伞”模型，我们就可以很好地化解对应的汇报问题。

先来了解下麦肯锡的空雨伞模型，主要是从以下三个部分去思考和描述：

第一，空：指的是观察事实、现象。

举例：抬头望向天空，观察到天空中乌云密布，天色灰暗。

第二，雨：指的是通过分析事实，得出的推测和结论。

举例：乌云密布，大概快下雨了。

第三，伞：指的是依据推测要采取的行动。

举例：因为快下雨了，所以要带雨伞出门。

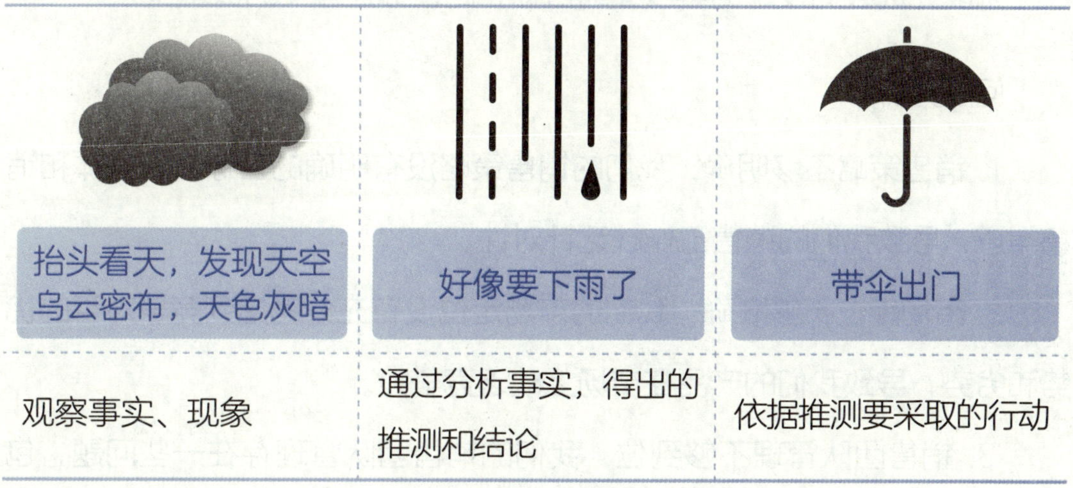

这里特别强调两点：

第一，研究深层原因的时候，要尽量剖析自身做的不足，少去责怪客观条件；

第二，提出解决方案时，如果不是自身能力能够完全解决的，要大方地向领导提出支持需求，明确指出自己需要哪些支持。这就是很多人想要知道的“向上管理”应该怎么做。当然，这个需求一定要经过实际分析，它是必需的，是有效的。

梳理工作中的问题挑战不是负荆请罪，而是要让领导看到我们在面对困难时是如何思考、如何采取行动的，所以也是一种经验的总结，对团队是很有意义的。

**案例拆解：**

**案例一：**

假设你是医疗器械公司的销售主管，今年带领团队开展销售工作。

存在问题：

未能完成公司设定的年度业绩目标，距目标还差 15%。

问题分析：

1. 销售策略不够明确：我们的销售策略没有明确的目标客户群体和销售渠道，导致我们的销售工作缺乏针对性。

2. 市场定位不够准确：我们的市场定位没有充分考虑到竞争对手的优势和劣势，导致我们的产品在市场上缺乏竞争力。

3. 销售团队管理不够到位：我们的销售团队管理存在一些问题，包括人员培训和激励机制等方面，导致销售业绩表现不佳。

对应的调整规划：

1. 制定明确的销售策略：我们将重新制定销售策略，明确目标客户群体和销售渠道，并制定相应的销售计划和目标。

2. 优化市场定位：我们将进行市场调研和竞争对手分析，了解市场需求和竞争格局，优化我们的市场定位和产品定位，提高产品的市场竞争力。

3. 加强销售团队管理：我们将加强销售团队的人员培训和激励机制，提高销售团队的工作效率和业绩表现。同时，我们将建立有效的销售绩效考核机制，激励销售团队的积极性和创造性。

**案例二：**

假设你是一名事业单位人员，岗位是“社会服务项目经理”。该岗位的职责是负责策划、组织和实施社会服务项目，包括公益活动、志愿者招募和培训、社区服务等。

存在问题：

社会服务项目的参与度不高，志愿者数量和服务质量都有待提高。

问题分析：

1. 缺乏有效的宣传和推广：我们的社会服务项目宣传不够到位，很多人并不知道我们的项目，导致参与度不高。

2. 志愿者招募和培训不够精准：我们的志愿者招募和培训缺乏针对

性，没有充分考虑志愿者的兴趣和能力，导致志愿者数量和服务质量都有待提高。

3. 社区服务的需求和反馈不够及时：我们的社区服务项目缺乏及时的需求调研和反馈机制，导致我们的服务不够贴近社区需求，影响了服务质量和参与度。

对应的调整规划：

1. 加强宣传和推广：我们将加强社会服务项目的宣传和推广，通过多种渠道宣传我们的项目，提高项目的知名度和参与度。

2. 精准招募和培训志愿者：我们将建立志愿者招募和培训的精准机制，根据志愿者的兴趣和能力，制定相应的招募和培训计划，提高志愿者数量和服务质量。

3. 建立有效的监督和反馈机制：我们将建立有效的监督和反馈机制，让社群的实际需求得到及时有效的反馈。

**表 2-4 空雨伞模型（问题挑战）**

| 流程步骤 | 话术结构 | 案例：国企的市场营销经理 |
|---|---|---|
| **空**<br>指的是观察事实、现象（代表着年度中完成得不够好甚至是未完成的工作） | 年度工作中存在的问题阐述 | 我们的产品在市场上的销售额逐渐下滑，竞争对手的产品开始崭露头角，客户反馈也出现了一些问题。 |

（接下页）

（接上页）

| 流程步骤 | 话术结构 | 案例：国企的市场营销经理 |
|---|---|---|
| **雨**<br>指的是通过分析事实，得出的推测和结论（分析造成此工作完成不好的深层原因） | 通过对+具体内容+的分析，我们发现/推测导致以上情况的原因有+原因列举 | 通过对市场数据和竞争对手的行动的分析，我们推测出导致销售下滑的原因有：<br>1. 竞争对手近期推了一些新产品，具有更吸引消费者的特点和功能。<br>2. 我们的产品在某些方面与竞争对手相比存在一些劣势，例如价格、品质或市场宣传力度等。<br>3. 客户反馈显示，我们的售后服务和客户体验需要改进，这影响了客户的满意度和忠诚度。 |
| **伞**<br>指的是依据推测要采取的行动（针对此原因下一步应该做些什么进行改善） | 为应对这些挑战，我们将采取以下行动+具体措施 | 为应对这些挑战，我们将采取以下行动：<br>1. 加强市场调研，深入了解消费者需求和竞争对手的产品特点，优化产品设计和定价策略。<br>2. 提升产品质量和性能，确保我们的产品在关键方面与竞争对手相匹敌甚至实现超越。<br>3. 加大市场宣传和推广力度，提高品牌知名度和美誉度，吸引更多消费者关注和选择。<br>4. 加强售后服务团队的培训，提高客户满意度和忠诚度，通过良好的口碑带来更多的回头客和推荐客户。 |

## 表 2-5 空雨伞模型——自我练习

| 流程步骤 | 话术结构 | 案例 |
|---|---|---|
| 空 | | |
| 雨 | | |
| 伞 | | |

## 3. 经验方法：FAB 模型

当发现自己在工作中有可以帮助到大家的经验，可以把自己的工作方法总结成一套参考标准。

对于个人的优秀，领导是认同的。如果能将个人优秀的工作方法和思路做一个系统的总结，形成一个标准的参照模板，让其他人可以直接模仿使用，领导会对你刮目相看。具体方法是先讲明自己工作思路的正确性，然后阐述工作的具体方法和步骤，最后告诉领导这种方案最后达成的价值。

这种总结参考标准，如果是有心的同事，都会私下去找领导要一份，然后在工作中参照使用。一般领导也会让员工集体学习。

这时就需要用 FAB 模型梳理出一些可以复用的经验。FAB 模型常常被用于说服性演讲，让对方相信你的东西是最好的，将它用在经验梳理中，能够让领导认为你分享的经验是优质的。

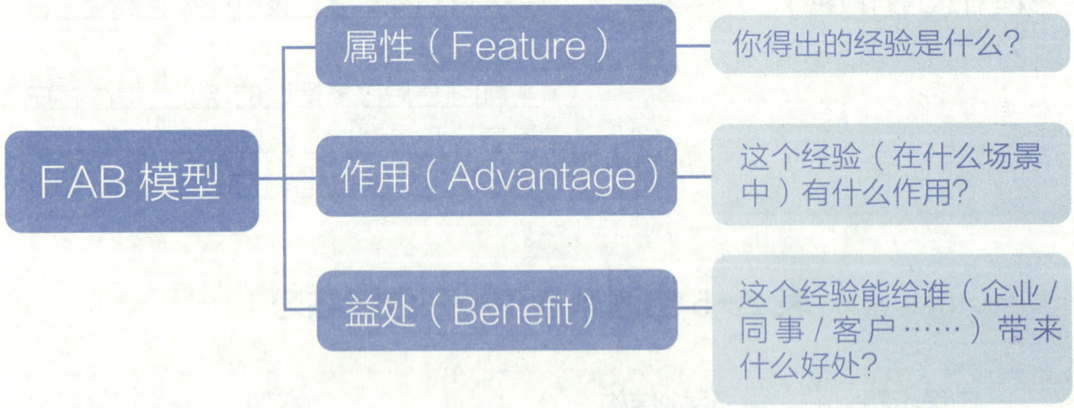


经验梳理如果足够用心，会比亮点事件更容易赢得领导青睐，毕竟优秀经验如果能够复制推广，可是会大大提高整个团队的效率的！

我们在使用 FAB 模型时要注意几个原则：

**（1）实事求是。**

√ 以事实为依据介绍产品 / 方法

× 贬低其他品牌，夸大自身产品 / 方法的功效

**（2）清晰简洁。**

√ 把观众当小白，用最简单易懂的词汇，让人秒懂

× 把观众当专家，用高大上的专业术语，让人头大

**（3）主次分明。**

√ 详细讲优点、好处；简单陈述缺点、不利信息

× 所有信息全部灌输给听众

**表 2-6 FAB 模型（案例）**

| 背景 |
| --- |
| 作为合伙人分管运营业务线，半年做出月营收 2,000 多万元的业绩。创业不到 3 年，我退出开始独立创业，用 6 个月的时间融资数千万元，让一个初创公司估值超 2 亿元。有朋友问我是怎么做到的。 |

（接下页）

（接上页）

| 流程步骤 | 案例 |
|---|---|
| F：你得出的经验是什么？ | 我总结了一套“235 学习思维论”。<br>20% 的成长来自自己当前所做的工作，通过不断地复盘和调整自己的工作方法，积累知识与经验储备。<br>30% 的成长来自自己所在的项目团队，通过同事的邮件，工作日报、周报以及他们产出的资料文档还有项目成果，吸收他们的工作经验，并复盘总结转化为自己的知识与经验积累。<br>50% 的成长来自自己所处的行业领域，向所处赛道的竞品和优秀产品学习，调研他们的产品迭代、运营策略、市场打法等等，研究并复盘他们的项目经营、战略、战术以及执行策略。这些可以从他们的官网、公众号、公开财报、三方数据、用户反馈等各方面挖掘出来。 |
| A：这个经验（在什么场景中）有什么作用？ | “235 学习思维论”代表着我对自己学习成长这件事情的思考，它引导我思考如何更高效地获取有用的知识和经验来丰富自己的储备，以便在职场中更好地提升。特别对于进入困境的职场人，这个思考方法的作用更甚。<br>在过去很长的职业经历中，我在不同时间段都对这个比例的重要顺序进行了调整。<br>在 2015 年之前，我奉行的是“253”，更注重在团队项目中吸收知识和经验。在 2015 年之后，我奉行的是“235”，更注重从整个市场、行业中学习来丰富自己。 |
| B：这个经验能给谁（企业 / 同事 / 客户……）带来什么好处？ | 社会上很多人都只是知道在自己所做的工作中复盘、学习和提升。<br>但我这样的一套思维模式可以让我比同龄人最多快 5 倍的速度成长。而且，时间复利带来了更为丰富的知识与经验的积累。 |
| 小结 | 以上方法让我始终有清晰的目标、合理的计划、高效的技能和开阔的视野，让我不断地丰富自己的知识结构，飞速地成长。 |

## 表 2-7 FAB 模型（经验方法）

| 流程步骤 | 话术结构 | 案例 |
| --- | --- | --- |
| F——属性（Feature）你得出的经验是什么？ | ①我得出的经验是 + 经验汇总 / 方法论<br>②过去一年工作中，我致力于建立 / 总结 + 方法论名称 + 方法论的详细解析 | 我在过去一年中致力于建立并实施了一个全新的客户关系管理系统，该系统可以帮助我们更好地管理和维护客户关系。 |
| A——作用（Advantage）这个经验（在什么场景中）有什么作用？ | ①在 + 问题情景 + 可以使用该流程 / 方法等<br>②该方法 / 流程 / 系统在以下场景下发挥重要作用 + 场景列举 | 这个客户关系管理系统在以下场景中发挥了重要作用：首先它使我们能够更好地了解客户需求和偏好，以便提供更加个性化的产品和服务；其次，它帮助我们更好地协调和跟进销售团队与客户之间的沟通和合作；最后，它提供了强大的数据分析功能，可以帮助我们识别和利用市场机会。 |
| B——益处（Benefit）这个经验能给谁（企业 / 同事 / 客户……）带来什么好处？ | ①这个经验 / 方法 / 流程 / 系统可以帮助我们 / 带给我们 + 好处阐述 | 这个客户关系管理系统为公司、同事和客户带来了诸多好处。对于公司而言，它提高了销售团队的工作效率和业绩表现，同时也提升了客户满意度和忠诚度，为公司带来了更高的盈利和市场份额。对于同事而言，它简化了销售流程，提供了更好的合作和信息共享平台，增强了团队的协作和沟通效果。对于客户而言，它提供了更好的购物体验和人性化的服务，使他们感到更受重视和满足，增强了与我们的合作关系。 |

## 表 2-8 FAB 模型——自我练习

| 流程步骤 | 话术结构 | 案例 |
| --- | --- | --- |
| F——属性（Feature） | | |
| A——作用（Advantage） | | |
| B——益处（Benefit） | | |

# 04

# 结尾赢掌声：展示“积极性”

年终汇报的结尾是演讲的高潮，是最后一个给人留下深刻印象的机会。它不仅可以强调过去一年的成果，还可以为未来提供一个清晰的愿景。在这个部分，我们将强调结尾的重要性，并分享一个有效的方法来达成出色的结尾。

一个引人入胜、令人难忘的结尾具有以下作用：

**表决心：**结尾是表达决心和承诺的机会。通过明确的语言和积极的情感，可以强调未来的愿景和计划，让观众相信我们的决心。

**传递积极情感：**情感在演讲中起着关键作用。通过积极、充满信心的结尾，可以激发观众的情感共鸣，让他们感到鼓舞和激励。

**激发信心：**汇报的目标之一是让观众相信我们的能力和价值。一个出彩的结尾可以增强观众对我们的信心，使他们更有动力支持我们的计划和目标。

如何进行出色的结尾？

我们可以通过以下三个步骤，进行出色的年终汇报演讲结尾。

### 第一步：总结成果价值

首先总结一下过去一年的工作或项目，概括主要成果，强调这些成果对企业或团队的实际价值，让观众明白我们的工作对企业的贡献。

**例 1：**回顾过去的一年，我们完成了两个项目，业绩提升了 20%。我们的销售业绩持续增长，不仅实现了年度销售目标，还超额完成了市场份额的目标，不仅为企业带来了可观的利润，也提升了我们在市场中的竞争地位。这证明了我们的市场策略的有效性，并为未来的业务拓展奠定了坚实的基础。

**例 2：**我们在产品创新方面取得了重要突破。通过不断推出具有竞争力的新产品，我们满足了客户的需求，赢得了市场的认可，不仅增加了我们的销售额，还提高了客户满意度和忠诚度。这证明了我们的产品创新力和研发能力在行业中处于领先地位。

**例 3：**我们加强了团队合作和内部沟通。通过定期的培训和交流活动，我们提升了员工的专业能力和团队合作精神，不仅有助于提高工作效率，也为公司的可持续发展奠定了坚实的基础。我们的团队更加紧密团结，共同努力实现公司的目标。

帮助观众记住你的主要亮点，是为结尾创造引人注目的开始。

### 第二步：未来展望规划

分享对未来的目标和计划，展示潜力和承诺，让受众相信我们对未来的愿景描绘。这些愿景规划可以包括未来项目、发展计划或新的机会等。

比如，对计划做简单的描述：

回顾过去的一年，我们取得了一系列令人骄傲的成果，但这只是一个开始。我相信，我们的潜力是无限的，只要我们保持团结合作的精神，并持之以恒地努力，我们一定能够取得更加辉煌的成就。

展望未来，我对我们企业的发展充满信心。首先，我们将继续加强市场调研，深入了解客户需求，并根据市场变化及时调整我们的策略。我们将致力于提供更加优质的产品和服务，赢得客户的信赖和支持。

其次，我们将继续加大研发投入力度，不断创新。通过引入先进的技术和设备，提升产品的竞争力和市场占有率，我们将不断探索新的领域和市场机会，为公司的可持续发展打下坚实的基础。

同时，我们也将继续加强团队建设和员工培养。通过定期的培训和交流活动，我们将持续提升员工的专业能力和团队合作精神。我们相信，只有拥有强大的团队，我们才能够应对未来的挑战。

**第三步：感谢结尾鼓舞**

表达感谢，感谢一同合作的人员，包括领导、团队成员、同事等，鼓励他们继续支持你，并传递感恩之情。最后表达决心，以鼓舞人心的话语结束演讲，激发观众的积极感情，让他们感到振奋，坚信成功的可能性。比如：

感谢我的领导、同事们。你们的支持和帮助是我在工作中不可或缺的力量。在我遇到问题时，你们总是愿意伸出援手并提供宝贵的建议。与你们的合作让我学到了很多宝贵的经验和知识。

在新的一年把业务份额从 15% 提升到 45% 是有一定挑战的，但我们的团队是有一支有战斗力的团队，是能打胜仗的团队。为了成功达到这个目标，还望领导支持！新的一年，脚踏实地，未来可期！

通过遵循这“尾篇三步曲”的方法，我们可以创造一个引人入胜的结尾，强调自己的决心，传递积极情感，以及激发观众的信心。这将确保我们的年终汇报演讲让领导和同事留下深刻的印象，为未来的成功铺平道路。

学完本章，相信大家对年终汇报要怎么讲应该有了清晰的思路。表达能力的提升没有捷径，靠的是日常的反复磨炼，对着镜子多多练习，让这些技巧了然于心，下一年的年终汇报，我们也可以得心应手，不再慌乱。

同时，本章提供的公式、模型以及方法论，不仅可以在年终汇报上使用，在日常的沟通汇报中同样适用。

# 第三章

# 妙呈现：呈现显价值

- 01 克服紧张不安：心安有自信
- 02 调整肢体僵硬：调整有技巧
- 03 避免冷场尴尬：氛围能掌控
- 04 应对突发情况：提问巧应答

# 01 克服紧张不安：心安有自信

我们掌握了用内容展示成果、用表达展现自己的能力，却还有一个能力容易被我们忽视。大家都是临到汇报当天，才意识到自己缺少这个能力，那就是——呈现力。

呈现力包括我们演讲时候的心态调节、肢体动作、氛围控场和应答技巧。只要我们有自信的心态、得体的动作、恰当的控场、机智的应答，就能让这场年终汇报 100% 呈现。

首先是心态调节，很多职场人士都遇到过这样的问题：自己一到关键时刻就掉链子。小到一次部门汇报，大到一次公开演讲，很多人都会产生强烈的反应，比如突然脑子一片空白、突然手抖、冒冷汗，甚至胃痛。这些激烈的反应，我们统称为“紧张”。

适度的紧张是正常的，但是过度紧张就会严重影响我们的发挥。我们为什么一到重要场合就紧张？有没有什么办法可以缓解紧张情绪？接下来，这一章节将会为大家进行详细的解答。

## 1. 为何当众表达会紧张？

“紧张”这种情绪，实际上是源于人的一种自我保护。我们紧张、害怕，就会做出一些应激反应，想逃离这个让我们感觉到很紧张、很害怕的场景，以达到对自己的保护。就像是站在十几层楼高的平台上，没有任何保护措施，你会害怕吗？我相信你一定会感到很害怕。可是站在高处并没有掉下去，或者说以前也没有从高处摔下的经历，但为什么还是会非常紧张、非常害怕？

因为这是一个刻在人类基因里的本能。我们站在高处很紧张，这就是一种保护机制。有没有某些人天生就不害怕站在高处？今天很少，但是在过去的几百万年人类进化的历史长河当中，一定有些人不害怕站在高处。当然会有害怕的人和不害怕的人，害怕的就往后退，不害怕的就站在高处，但如果脚下一滑——就有可能摔伤或者摔死了。

所以，不害怕站在高处的那些原始人类，在人类 400 万年的进化演变的历史长河当中，摔伤、摔死的概率很大，他们这种不怕高的基因就很难延续到今天。而那些站在高处就觉得害怕的人类祖先，会因为这种紧张、恐惧的情绪而往后退，他们懂得进行自我保护，于是他们的基因得以延续到今天。因此，我们的祖先都是那些站在高处就害怕的一类人，这就解释了为什么今天“恐高”这个心理现象是如此普遍。

说回表达，特别是面对多人、在重要场合表达时的紧张和恐惧感，其实都是非常正常的，它也是我们的祖先留给我们的、刻在基因里的一种自我保护机制。我们想象一下，如果大家都穿越了，你变成了一个原始人。

某天晚上，你在自己的山洞当中悠悠转醒，突然间发现眼前有七八双眼睛盯着你，这时你是什么感觉？是不是很害怕？再换一个场景，比如说今天白天你去打猎，好不容易打到了一头羚羊，你正拖着羚羊往回走，半道上突然有七八个人的眼睛直勾勾地盯着你，你又是什么反应？两种选择，第一种选择是用眼睛瞪回去，并说一句“你瞅啥”，然后那七八个人就告诉你“瞅你咋地”，结果是他们不仅把你的羊带走吃掉，还有可能把你也带走吃掉。当然还有另一种选择，那就是感到很紧张、很害怕，扔下羚羊赶紧跑。羚羊虽然没了，但是命保住了。所以，在人类进化的 400 万年来，那些不害怕被人类眼睛或其他动物的眼睛盯着的人，他的基因就很有可能留不到今天。

所以，在重要场合表达的时候，看见有很多双眼睛盯着自己，那种不自在、不自然、难受和恐惧，那种想要逃离的感觉并不是我们的错，那是我们祖先留给我们的本能。人类天生就有一双捕食者的眼睛。羚羊、兔、马那些被捕食者，都是食草动物，它们的眼睛长在头的两侧，而人类的眼睛像老虎等捕食者一样，长在脸的正前方。这种演进，说白了本来就是用于保护自己的。

但是在今天当众场合讲话的时候，在重要场合表达的时候，被别人盯着的时候，还会有那么危险吗？我们都知道，被多双眼睛看着，在今天已经不会有生命危险了，可是在重要场合表达要是发挥不好，还是有可能给别人留下不好印象，破坏我们的完美形象，还是有可能会丢人。

那如何去应对紧张情绪，让自己能更自信地开口说话呢？接下来我们就通过三个技巧来帮助你调整心态。

## 2. 三个应对紧张的技巧

我们有三个行之有效的方法，让大家更好地认知紧张这种情绪，以及在重要场合表达时如何与紧张感共存，如何把紧张为我所用。

**（1）转换法。**

过去，当我们在重要场合发言的时候感到紧张，会怎么安慰自己？是不是会告诉自己，“别紧张，别紧张，千万别紧张”；别人也会跑过来告诉你，“待会别紧张”“待会上台千万别紧张”。你会发现不说还好，说完反而更紧张了。为什么会出现这样的情况呢？因为掌管情绪和画面想象的潜意识，根本就听不懂“不”“别”“没有”这些否定词。举个例子，现在，请你别想猴子。你的脑海中出现了什么？是不是出现了猴子？你的潜意识的反应速度远远比意识快。

所以说，“没有”“别”“不会”这样的逻辑性的语言，你的潜意识根本听不懂，它只接收到了“不”“别”后面的“紧张”“害怕”这样的情绪词汇。这就解释了为什么很多人上台演讲的时候，越告诉自己别紧张，反而越紧张了。

那我们该怎么办？

与紧张共存的第一个方法叫作转换法。我们要把“别紧张”转换成另一种表达方式——要“自信”。把“别紧张”换成“要自信”，换成意识与潜意识一致的表达方式。

“别紧张”和“要自信”是不是一回事？它们都是要让自己状态更好一点，都是要让自己离开那个站到台上就浑身发抖，或者是额头不停冒汗、心跳加速的不好状态，所以它们是一回事儿。但是当提到“别紧张”的时候，潜意识就收到了“紧张”，那跟要表达的结果实际上是背道而驰的。

但如果换一种表达方式，叫作“要自信”，潜意识接收到的是“自信”，意识层面接收到的也是“要自信”，所以都是更加积极正面的自信状态，这就是意识与潜意识一致的表达。

还有一些人在演讲和表达的时候，非常喜欢说“呦，对不起，我有点紧张”“大家，抱歉，我、我太紧张了”“我待会可能讲得不好，大家多原谅哈”这些话。这叫“自我揭示”，如果揭示得好，一定程度上可以缓解这种紧张感。为什么呢？因为你大大方方地承认紧张，比遮遮掩掩地害怕别人看出自己的紧张要好。大方承认的时候还比较坦诚。但是你要知道，承认自己有点紧张的办法也不是最好的。当你自我揭示的时候，其实也暴露了自己的问题，原本根本没有人发现你在紧张，但是你一上来就说：“呦，对不起，我有点紧张。”这就把自己的紧张感暴露了，上台演讲时候的口误、失误、卡壳忘词，甚至脸红心跳，都会让大家觉得，这个人太紧张了。

我们在做自我揭示的时候，也可以用到转换法，把紧张换成激动，往台上一站，说：“唉呦，亲爱的朋友们，见到大家我有点太激动了，所以待会啊，万一我讲不好，大家可得多给我点掌声鼓励。”你看，这也是一种自我揭示，但是他揭示的不是紧张，而是激动。当你说自己很紧张的时候，其实你的潜意识又收到了一次“紧张”的信号，加深了一层紧张感。但是当你说我有点激动的时候，首先拉近了和观众之间的距离，他们会觉得这个人见到我们才激动，见到别人可不一定会激动。而且，这样还给自己接下来所有的问题找了一个出口。你的口误也好，失误也好，额头冒汗也好，手有点轻微的颤抖也好，大家都会觉得，这是你激动导致的，这叫先入为主。最重要的是，“激动”这种心理状态比紧张的心理状态更容易恢复和平复。这就是转换法。

总之，换个说法，感觉就会不同。转换法让我们很大程度上不被紧张影响，但是还不够，我们还需要有表达时的自信，才能让我们的精彩内容更好地被大家接受。所以接下来我们分享与紧张感共存的第二个方法——释放法。

**（2）释放法。**

为什么需要释放法？因为紧张感它是一种情绪，是有能量的，就像我们高兴的时候工作效率都很高，兴奋的时候走路速度都会加快。这就是情绪带来的能量。这时，可能会有人质疑：当我紧张的时候我觉得腿软，当我伤心的时候我觉得浑身无力，当我低落的时候我就想躺平，这些情绪，让我觉得自己没什么能量。

请问这个时候真的没有能量吗？有啊，这不是有满满的负能量吗？积极正面的能量推动你前进，这叫外向型能量；消极负面的能量捆着你、压着你、摁着你，让你纠结迷茫，这叫内向型能量。不管是正面的外向型能量，还是负面的内向型能量，情绪产生的能量都存在。我们只需要做一个扭转和调整，就能把内向型能量释放出去使其变成外向型能量，让你的表达更精彩的同时，更重要的是让你快速释放多余的能量带来的压力，找到轻松讲话的感觉和状态。我们如何把内向的能量扭转成外向的能量？这就需要通过释放能量来释放压力。

打开动作是非常重要的，释放法的第一个关键就是打开动作。紧张的时候，很多人都会收着自己，把动作收起来，声音收起来，眼神也收起来，然后越憋越难受，越紧张，手越抖。潜意识听不懂什么？听不懂“不”和“别”，所以越说不要抖，它抖得越厉害。其实人的身体是非常有智慧的，当“紧张”这种情绪来临的时候，我们手抖、心跳加速、额头冒汗这一系列身体反应，都是身体在做自我调节。因为紧张感产生了大量的能量，在身体里面憋着出不去，身体就会替你释放能量，心跳加速等反应就是在释放能量，在消耗能量。手脚的抖动，更是在释放能量、消耗能量。

同样在讲话时，与其被动地去释放那一点点的能量，不如主动打开动作，主动去释放能量。这样你会发现你的能量释放得更快一点，你体内的能量会通过你的动作往外带。原本负面的能量是压着你的，现在把这负面的能量往外散发、往外抛了，就相当于把负面的能量转化为正面的外向型能量了。

第二个关键是什么？这里可以想一下，声音有没有能量？声音也是有能量的，所以当一个人很压抑的时候，会对着山谷大喊几嗓子，这也是一种情绪上的释放。越不敢放声说话，紧张产生的能量就越会憋着，那我们干脆把声音放出来，把体内的能量放出去。

第三个关键是打开眼神。眼神也是有能量的，所以你要用你的眼睛大胆地去看你的观众，而不是听有些人讲的，讲话时如果看对方眼神会紧张，那就看他的脑门，或者就盯着会场的最后一排，不看着眼前的观众讲话。这些都是谬论，都是选择了逃避。眼睛是心灵的窗户，你要用你的眼神传递你的能量。

释放法要做到打开动作、打开声音、打开眼神三个关键，让你把紧张产生的内向能量通过主动释放变成外向能量，让你的表达更精彩的同时，心态还能更轻松。千万不要觉得，我故意打开动作、声音和眼神，把这些外在行为伪装得很自信太假了。为什么要先把外部的样子做出来，这背后是有原因的。这些动作除了能够帮你释放能量之外，也可以让你在这个过程中的表达变得更加精彩。动作打开了，声音放出来了，展现的效果会更好，而且在这个过程中，也可以让你的内心变得真正地自信起来。

记住，越不自信的时候，我们就越要做出自信时才有的样子，因为这些自信的行为能激活我们内心当中自信的感觉，让紧张产生的能量随着打开的动作和声音得到释放。能量被放出来了，表达就更精彩了，内心就更轻松了。这三个“打开”释放的能量超乎你的想象。之前讲到的转换法是让我们缓解紧张带来的影响，现在讲到的释放法就是把紧张产生的能量为我所用。

**（3）心锚法。**

前面两个方法非常有助于调节自己的状态，因为一个人的状态好不好十分重要。而第三个方法叫作心锚法，它可以让我们随时随地启动自己的巅峰状态。

什么是心锚？这是一个心理学的概念，即内心的情绪和外在的行为或声音之间形成的固定链接。

举个例子，比如说当你听到某个声音或者听到某首歌的时候，你内心就会涌起某种感觉，就会想起某段时光、想起某个人。这就是心锚。

再举个例子。巴甫洛夫是俄国的著名心理学家，他做过一个实验，他每次给他家的狗喂食的时候，就在旁边摇铃铛，每次喂食时狗听到铃声就会流口水。有一天他牵着他们家的狗出门的时候，对面来了一辆自行车，自行车一摇铃铛，他们家的狗同样开始流口水了。这是一个叫作“条件反射”的非常著名的实验，其实也是心锚的一种。在那之前，狗形成了听到喂食的铃铛就流口水这样的固定链接，所以就算没有给它喂食，只是给它听铃铛的时候，这条狗也会流口水。

其实我们也可以给自己种心锚。怎么样给自己种心锚呢？我们在当众表达的时候，需要找到一种自信的感觉。得到了别人的夸奖、得到别人的认同，或者自己解决了一个难题的时候，内心对自己评价会很高，这就是自信的感觉。

总的来说，如果在工作当中遇到那种内心自我认可的瞬间，一定不要放过它。抓住这一个瞬间，赶紧去做一个固定的自信动作，可以是打个响指，也可以是拍一下大腿、捶捶自己的胸口，也可以是握拳喊“yes”。

每次有自信的时候就做这个固定动作。人并不是时时刻刻都有自信，但是人可以时时刻刻、随时随地想做这个动作，就做这个动作。当你每次有自信就做这个动作的时候，久而久之，自信心就和这个动作形成了一种固定链接。下一次你想唤醒自己内心当中的自信时，你只需做一下这个动作，去强化自信的感觉。

这就是心锚法。一旦你给自己绑定了固定的链接，下次你需要自信时，只需要做一个动作，你之前积攒的那种自信的感觉就如灵魂附体一般来到了你的身上。

这个方法其实非常有效。我在参加华语国际演讲大赛的时候，上台之前非常紧张，手发抖，整个人出汗，衬衣都汗湿了，连一遍稿子都顺不下来。马上到我上台演讲了，我跑到了化妆间，对着镜子里面的自己说："你是最棒的！"然后开始做我自己的自信心锚动作。

"Yes，yes，yes！ Come on！"喊完之后我整个人的气焰都起来了。我坐在那里，等到主持人叫到我的名字，"噌"地就站了起来，直接走到台上，把整个人的气场散发出去。我最后拿到了全场最高的两个 9.98 分，华语国际演讲大赛的一等奖就这样被我拿回来了。

我用的就是心锚法，用那几个动作和声音把我内心的自信激活了。大家一定要去用一用这个方法，先给自己种下心锚，每次要去发言、去汇报、去表达前，一感到紧张，就拿出来用一下。通过不断地强化，就能培养出自己的心锚。这样，无论我们未来要去多大的场合演讲说话，都不会再被紧张束缚手脚，能轻松激发出自己的最佳状态。

转换法、释放法和心锚法的内核其实都是一样的，那就是去做积极正面的事儿，说积极正面的话，给自己积极正面的心理暗示。

转换法就是将负面消极的语言转换成积极正面的语言，释放法是打开你的动作、声音和眼神，去做自信的动作，激活自信的心态，而自信的动作和自信的心态这种固定链接就是我们的心锚法。在接下来的日子当中，你就知道应该怎么办了。

# 02 调整肢体僵硬：调整有技巧

年终汇报的时候，我们除了要学会语言的艺术，让领导如沐春风，更要掌握“行为艺术”，通过肢体动作强化我们的自信心，展现我们的亲和力，缓解临场的紧张感。正确得体的肢体演绎，还可以让我们的汇报更加生动有趣。

年终汇报时的“行为艺术”，并不是简单的踱步或者摆手，它有特定的三部曲：调身姿、调走位、调手势。

本章节将会把这三部曲一一展示出来，希望大家可以多多练习，把它们融入我们的日常汇报中，即使遇到更大的汇报场面，我们也可以得心应手。

## 1. 调身姿

呈现自信、坚定而亲和的身姿，需要掌握 3 个要点：挺直站立、姿态开放和身体前倾。

**（1）挺直站立。**

在站立时，头要正，腰要挺直，双肩要充分打开。男士双脚平行站立，距离略窄于肩宽，这样显得更有男子汉气概。女士则双脚足跟并拢，前后稍稍错开一点儿，脚尖大致呈 15° ~30° ，这样的站姿会显得更端庄。

男士站姿　　女士站姿

**（2）姿态开放。**

在面向观众汇报时，身体最好不要藏在讲桌后面。讲桌不仅遮挡了你一半的身体，也好像在你与观众之间划了一条界线。如果有条件，你应从讲桌后面走出来，将全身展示在观众面前。在做手势的时候，肩要松、腋要虚，手的动作要尽可能超出身体两侧轮廓线的范围，这样姿态就会显得大气和开放。不做手势的时候，双手应交叠放在肚脐位置。手臂交叉环抱在胸前、把手插在口袋里和背在身后，都是不礼貌的动作。

**（3）身体前倾。**

如果想在汇报时表现得更有亲和力、更热情，我们可以把上半身稍稍朝观众前倾，这在视觉上会拉近与观众的距离。

## 2. 调走位

在面向观众表达的时候，我们应该站立不动还是四处走动呢？

站立不动显得庄严、稳健，所以，那些美声歌唱家、诗歌朗诵者通常会站在舞台上固定的位置。但是，在职场表达的场合中，特别是在面对领导或其他同事的情况下，如果讲话时从头到尾都站在同一个地方，别人就会觉得你太僵硬拘谨。职场表达还是轻松自然一些为好。说到轻松自然，有的人会在讲话时不停地走动，这样的确显得放松，但是又会带来新的问题：人的注意力很容易被移动的物体吸引，如果漫无目的地不停走动，观众的目光就会一直跟随移动，容易分散注意力。因此，在面向观众表达时既不要不动，也不要多动，只需要记住六个字：讲话定，转换行。

“讲话定”是指在陈述重要观点或者讲述一段完整的逻辑段落的时候，最好站在原地不动，以便观众集中注意力聆听。当一段话结束，需要过渡、转折、递进时，讲话者要有意识地移动身体所处的位置，这个动作叫作“转换行”。

职场表达高手会利用位置变化，在视觉上向观众发出信号。例如在说完“刚才我们分析了方案的优点”之后，平移几步，看向另一侧的观众说道：“现在来看一下缺点。”或者在说完“我们已经对行动的必要性进行了分析”之后，面向观众上前一步：“下面请各位发表自己的意见！”

### 3. 调手势

在这里分享两个要点：手势动作的原则和常用手势。

不做动作的时候其实也有一个初始的动作，就是我们登场鞠躬时，把双手交叠或者以菱形手位放到肚脐位置。要开始表达的时候我们就把手势动作打开，这主要遵循以下几个原则：

第一，外开原则。手势动作要向外打开，指向某人某物的时候，要用靠近他的那只手去指。

第二，范围原则。手势动作的范围要控制在自己的视线内，如果超出了自己的视线范围，动作就会变得太大、太夸张，从而显得张牙舞爪，不够得体。指向 PPT 时也不能只用手去指，让自己的手超出自己的视线范围，应该侧过身来看向并指向 PPT。

第三，节奏原则。什么时候出手呢？其实不用想太多，遵循一个节奏——重音出手。一句话当中要突出强调哪个关键词，就在讲那个关键词时出手。比如“伙伴们，这个月的目标我们一定能够达成，有没有信心？”如果想强调的是“伙伴们”，就在说“伙伴们”时出手；如果想强调的是“这个月”，就在说“这个月”时出手。

第四，收放自如。手势动作不是从一个点直接到另一个点的，而是有收放的呼吸感，就像我们指向这边的时候，要先收回来再放出去；打开双手的时候也要先收回来再放出去。如果是点到点的话，会非常僵硬；若是收放自如，动作就会变得十分和谐。

×手势动作：点到点

√手势动作：收放自如

接下来，我们来看一看常用的手势。

第一，沟通的手势。四指并拢，手往你要沟通的对象方向前伸，使用一只手或是两只手都可以。

单手

双手

第二，拒绝的手势。当你要表示拒绝时，手可以先向下，然后向外斜挥，并且根据拒绝程度的不同，你的手势动作幅度也不同。比如“面对那些不法分子我们要坚决说不”，这时我们的动作幅度要大；而“哎呀，我还忙，别啦”，这时要展现的动作幅度就要更轻一些。

单手拒绝 双手拒绝

↓手向下划 ↓手是先交叉后往两边划下

第三，强调的手势。伸出一根手指，但不是伸直，只要把手指头拿出来就可以了。因为我们的目的是把大家的注意力汇聚到某一个点上，所以只需要伸出一根手指，往前轻点，就可以实现引起注意的目的。

第四，区分的手势。如图所示，从左往右或从右往左轻点手掌进行划分，这是区分的手势。

第五，指明的手势。四指并拢直接指向目标，同时使身体侧向目标。指明的手势可以在汇报时配合我们的展示内容使用。

第六，延伸的手势。双手相对向外打开。当我们要表示所有或者升华主题时，就可以利用这个手势，比如“只要人人献出一点爱，世界会更加美好”。

第七，组合的手势。双手从外向内并拢，比如说“让你我团结一致，把学习和练习结合在一起，演讲才能进步”，这就是组合的手势 。

第八，号召的手势。在前面“砍一刀”，再在上面“砍一刀”。注意幅度和力度可以增加话语的影响力和煽动性。

第九，鼓舞的手势。握拳向上方并挥动。当我们想要表示决心或者鼓动观众时，就可以用上这样的手势。

第十，决定的手势。双手或者单手握拳向下砸。比如当我们想说“我当时做了一个重要的决定，就这么定了”的时候，就可以通过这个握拳向下砸的动作表明我们坚定的态度。

最后送给大家一句话，做肢体动作要对着镜子多练习，练的时候用点心，真正去演讲或者汇报的时候，别想太多。请大家记住这句心法：“只要感觉对，剩下无所谓！”肢体动作是一种感觉，它是被我们的情绪感觉带动出来的，千万不要把它当作一个任务去完成，多练几遍，养成习惯，上台之后就可以跟着感觉走。

# 03
# 避免冷场尴尬：氛围能掌控

想象一下，你做了100%的准备，精心做了PPT，露出了自信的笑容，摆出了得体的姿态，在家对着镜子练了无数遍，但在现场汇报的时候，领导与同事却漠不关心，玩手机的玩手机，犯困的犯困。没有比这更打击人了！

这也是为什么学会氛围控场非常重要！

这一章节，我们会告诉大家如何营造互动氛围、如何快速让观众和你产生互动，以及如何培养观众的互动习惯，结尾还有处理突发情况的小彩蛋哦！

## 1. 营造互动的氛围

如果整个汇报现场没有那种互动的氛围，就算我们互动技巧再高超、设计的问题互动性再强，大家也不愿意做那个第一个打破僵局的人。所以，如果需要现场观众和我们互动，我们就要先去营造一个互动的氛围。

在这里，我给大家提供两个方法：一个是关联法，另一个是示弱法。

关联法是把我们的主题或者把大家的需求关联到互动这件事儿上去，比如“我相信在座的各位都希望从这次汇报中有所收获，可是你们知道吗，我的状态取决于现场观众是如何回应的，所以接下来请大家多回应，多跟我互动，大家说好吗？”

第二个叫作示弱法。也就是一上台先示弱，说：“今天的这个会场太大了，领导太多了，第一次在这么多领导与同事面前讲话，压力山大，能不能先给我一点掌声鼓励呀？”掌声一响起来，可以接着说：“你们真好！有你们的掌声，我瞬间自信了许多，待会儿我汇报的过程中，大家要保持这种大爱，多多跟我互动，多多回应我，这样我会更有信心。先谢谢大家啦！”

用一个巧妙的示弱再提要求，要求就显得没有那么生硬，台下的观众会觉得自己从一个被别人要求的人，变成了一个被别人需要的人。然后你可以巧妙地用赞美和激励，帮他们固化回应你的这个行为。

### 2. 降低互动难度

氛围营造好了，接着就要降低互动的难度。很多时候，汇报者好不容易营造了一个适合互动的氛围，或者说前面的汇报者已经帮他营造了良好的互动氛围，但是他一上台或者他一开始互动，就把大家互动的热情打入了冰窟。原因在于如果互动这件事儿太难了的话，大家就不愿意参与。比如一上来就问“谁能给我解释一下爱因斯坦罗森桥与宇宙虫洞之间的关系”这样难度太大的问题，大家根本没有办法进行互动；或者一上来就说“我调查一下谁曾经因为刑事犯罪而被判过刑”，这个问题太敏感了，没有人愿意把这么敏感的问题暴露在公众的视野当中。

所以，我们一定要去降低互动的难度，互动时要问简单的问题，或者把复杂问题拆成几个简单的问题。

简单的问题有三个特征，一是封闭的，二是常见的，三是不用思考的。

什么叫封闭？就是它的答案有且只有两个，比如“大家觉得用户体验重要吗”就是个封闭问题。封闭问题既简单又常见，答起来很容易。

常见是简单问题的第二个特征。如果一上来就问“大家觉得企业深化供给侧改革对企业长久发展来说意味着什么”就太不常见了。对于一些做企业管理的人来说他知道你在问什么，对于那些没有经营过企业或者没了解过“供给侧改革”这样专有名词的人来说，这个问题一定会把他的话堵死。

最后是要问那些不用思考、张嘴就能回答的问题。比如，前面问的那个问题可以换成“大家觉得一家企业能长久发展重要吗”，这答案不用思考，当然是“重要”；接着继续问“企业长久发展，创新是关键，大家同意吗”，这又是简单的、封闭的、不用思考的问题；最后抛出最终要延伸展开的问题，即“那么在创新发展的过程中，深化供给侧改革就是创新的必要一环，大家想不想了解一下”。通过互动，就把企业深化供给侧改革与企业长久发展之间的内在联系讲出来了。

### 3. 培养互动的习惯

最后一步，是培养互动的习惯。如果前面已经营造了互动氛围、降低了互动难度，接下来你只需要培养好观众的互动习惯，现场的氛围都会尽在你的掌握之中，甚至通过互动让大家心动行动也是水到渠成的事。

如何去培养观众互动的习惯？先问简单的问题，同一个问题问三遍，让他心里和嘴上都说“是”，然后举手表态。比如先问“XXX 重要吗”，再问“真的重要吗”，然后说：“来，认为真的重要的请举手！”举手之后立即给予反馈：“好，太棒了，请把手放下。”当大家通过简单的问题互动举手时，一定要赞美他们、鼓励他们，帮助他们形成跟你互动的习惯。

从一开始营造互动的氛围放松大家的警惕，到降低互动难度提高大家的参与度，再到培养互动习惯让大家在潜意识里跟着你行动，一步一步从简单的问题互动实现目标的确认、行动的确认。真正让你的表达能够号召行动，促使人做决定，进而达到你的目的。

学习这些互动方法时，不是只学具体的话术，还要去思考为什么说这句话、说这句话背后的逻辑是什么，这种互动思维才可以成为你的思维。

### 彩　蛋

### 突发事件处理小 TIPS

**1. 现场冷场调整内容**

如果现场出现冷场，应尽快调整内容，并观察观众的反应。比如在讲述某个内容时，如果发现领导和观众都表现出不感兴趣、心不在焉的样子，那就要对该部分内容做一个概述，快速过渡到下一个内容。另外，也可以与现场观众进行互动，活跃一下气氛，打破冷场的局面。

**2. 现场忘词怎么办**

如果现场忘词，汇报者可以放慢语速，重说一遍，同时努力回想接下来的内容。

汇报者也可以不理会忘词的内容，继续往下讲，因为没有人知道自己接下要讲的是什么。例如本来要讲四点，但忘了第三点，可以先讲第四点，说完了再返回来讲第三点，这是完全可行的。

汇报者还可以把问题抛给观众，既可以让观众来思考接下来应该讲的内容，同时让自己有时间回忆接下来要讲的内容。

汇报者可以使用“手心道具法”，将要讲的内容要点用短短的几行字写在手心，以便在忘词时提示自己。这种方式一般用于实在没有太多时间准备的情况，不建议经常使用。

**3. 讲错了不要慌张，要镇定**

汇报过程中说错了，汇报者要保持镇定，不要慌张，要相信办法总比问题多。要掩饰错误而不是强化错误。不太明显的错误，汇报者可以当作没有发生，无须在意；稍微明显的错误，汇报者重说一遍即可；非常明显的错误，汇报者可以重新描述，并向观众道歉。

对于实际上说错了，但是尚未说完的内容，汇报者也可以将错就错。

**4. 时间到了没说完，想好头和尾，结果不后悔**

很多汇报有时间限制，不是想说多久就说多久，遇到领导提醒该结束了、观众不想听了的时候，可能还要提前结束。因此，汇报者要提前想好开场和结尾，不至于最后匆忙收尾，甚至因为没有结尾而后悔。

把开头和结尾都想清楚，快结束的时候稍微总结，把最后一句话讲完，就可以做到有始有终。有时虽然时间到了，但是还有一些弹性时间，汇报者可以通过争取观众的支持将内容讲完。

# 04
# 应对突发情况：提问巧应答

当你在台上侃侃而谈，向领导描绘成绩、规划，一切都是那么美好……

这时领导来了一句：这个季度业绩没有达成，你认为是什么原因呢？

你：……（太尴尬了，我压根没有想到这个问题，要怎么说？）

于是你在台上度秒如年，向你提问的领导也同时在台下“尬住”了……

有些人在遇到上述情况的时候，不是沉默，而是一股脑把能想到的答案都倒出来，以为只要回答就可以了。其实这并不是正确的做法，因为这样说出来的话，既可能没有逻辑，也可能显得你情商很低。

掌握正确的应答技巧，不仅可以帮助我们避开陷入尴尬的情况，还可以向领导展现出我们的高情商。本章节我们将提出一套公式，让你在面对突发情况时能够有时间思考，并组织出有逻辑、有条理，领导听完点头表示满意的答案。

## 1. 即兴回答的原则

### （1）先听完对方的话。

成人教育家卡耐基说：“做个听众往往比做一个演讲者更重要。专心听他人讲话，是我们给予他人最大的尊重、呵护和赞美。”

聆听越多，你就越能了解对方的心思，越容易接近对方，就会被更多的人喜爱，就会成为更好的谈话伙伴。一个好听众总能比一个善讲者赢得更多的好感，也更能够将每一句回话说得准确到位。

有调查显示，拥有最多朋友的人是那些善于倾听的听众，而不是能言善辩、引人注目的演说家。我们每个人都渴望表达自己，而聪明的聆听者能在聆听过程中，透过对方的说话内容了解对方的性格，看透对方的心思，从而找到恰当的话题回应。

那么应该如何聆听？以下是一个好听众应遵循的六条规则：

规则一：对讲话的人表示称赞。

规则二：全身心注意倾听。

规则三：以相应的行动回答对方的问题。

规则四：别逃避交谈的责任。

作为一个聆听者，不管在什么情况下，如果你不明白对方说的话是什么意思，你就应该用各种方法使他知道这一点。比如你可以向他提出问题，或者积极地表达你听到了什么，或者让对方纠正你听错之处。如果你什么都不说，谁又能知道你是否听懂了？

规则五：对对方表示理解。

规则六：要观察对方的表情。

**（2）回答前先肯定。**

一是要顺着对方的心理趋势进行回答和说服。

顺着对方的心理趋势，重要的是以对方的认识基点为起点。不管对方认识如何，它总是一个客观存在。因此，使用此法最忌讳的是一开始就提出分歧观点。

二是要积极主动地表示对对方的认同和肯定。

对对方的谈话中表达的观点，只要是同意的，就应立即做出赞同的反应。但不宜太直接，要表现得若无其事，和对方谈些他们感兴趣的事，使自己的诚恳感情渗进对方的意识里。要巧妙寻找话题，要适时适度赞美，因为你的认同，对方与你的共同点得到了强调，有助于抵消谈话双方对立的情绪。

这两点适用于任何场景，在与人交流时，一定要先顺着对方，否则谈话无法进行。

## 2. 巧妙应答三步法

我们做到“三听三问”之后，理清了对方的情绪、对方的需求、对方表述的事实，就可以进入巧妙应答的环节了。比如在回答客户投诉问题时，我们没有一上来就说“我给你们发一个产品”“我给你补货”，也没有一上来就给出答案，而是先感谢客户给我们提出这样一个问题，然后用自己的理解理清对方要问的到底是什么，再用自己的语言把这个问题描述出来。其实他问的不是产品质量为什么这么差，他真正想问的是“你们想怎么处理和解决这个问题”。

所以，在回答别人提问的时候，我们推荐使用“感谢问题、重复问题和回答问题”的三步法。

**第一步：感谢问题。**

每个人都需要被认可和肯定。领导或同事提出问题，除了表达质疑或者要求解释以外，也不排除想借机彰显自己的见地和智慧，凸显自己的领导权威。我们不妨适时表达对对方的赞美，让他的虚荣心得到满足。例如“非常感谢您的提问，您这个问题问得太深刻了”“非常感谢您的提问，您这个问题一下子直击要害”“非常感谢您的提问，您不愧是这方面的专家”“哎，非常感谢这位同事的提问，这个问题问得好，正好也提醒了我们”。

这样的回答，既能让提问的人内心需求得到满足，又拉近你和他之间的关系和距离，你的答案也更容易被他接纳。通过这样的小互动，还能给自己争取一些思考的时间。

**第二步：重复问题。**

有些人在听到问题之后急于回答，好像这样才显得自己胸有成竹，但其实这样做是不妥的。如果对于问题一知半解甚至完全没听懂，就可能答非所问。比较明智的做法是先用自己的话把对方的问题复述一遍，例如“您是说……，对吗？”或者“您刚才的提问是关于……，对吗？”“我可不可以这么理解，您是想问……，对吗？”

大家可以发现，在回答问题之前重复问题，可以加深你对问题的印象。如果复述完之后，对方说“我不是这个意思”，那么你们又能够继续探讨对方真正想要知道的信息是什么，回答的时候才可以厘清问题、加深印象，既争取了思考时间，又通过问答启发自己的思维。

**第三步：回答问题。**

回答问题分为五步：

摆出观点（把问答题变成选择题）+ 给出理由 + 举出事例 + 做出总结 + 回归问题

回答问题的第一步是摆出观点。这里有一个技巧：要把问答题变成选择题，即回答问题时可以先列出一系列答案，再着重选择一个来切入回答。

比如，领导问："你觉得这个季度目标没达成，最主要的原因是什么？"

你可以这样回答："非常感谢领导的提问，您这个问题一上来就直击要害。关于这个季度业绩没达成的主要原因是什么呢？我是这么认为的……"

大家可以看到，上来应先感谢提问，然后重复问题，接下来才开始回答问题。不能直接就给一个原因，因为有可能你随口说出来的并不是深思熟虑后的答案；更不能就这样等着思考不回答，在那里想半天不说话，领导和你自己都会觉得焦急。此刻你可以立刻摆出观点，把你所能想到的原因都列出来，再挑一个你觉得最主要的原因详细展开，例如你可以这么说："关于这个季度没有达成目标的原因有很多，比如团队士气不高、团队中新手很多、缺乏市场活动，还有新客资源量不足……"列出了几个选项，这个时候就可以挑出一个自己认为最重要的选项展开讲解："但要说其中最主要的原因，我认为是缺乏市场活动。"这就叫把问答题变成选择题，摆出观点的话术叫作"我认为 + 你的观点"。

当然，如果观点非常清晰，就不需要把问答题变成选择题了，可以直接讲出你的观点。

回答问题的第二步是给出理由，其话术是"因为 + 理由"。还是用上面的案例，你可以这样说："因为市场活动是为我们带来资源量的主要方式，资源量不足直接影响了我们达成目标，也因为资源量不足，团队士气不高。"这里需要注意的是，给出的理由应有两到三条，因为这些数量更能支撑你的观点。

接下来就进入回答问题的第三步，即举出事例。举出事例是为了支撑你的观点和理由，你可以举出正面或反面的例子，也可以正反面同时列举，其话术是“就像 + 事例”。比如，你可以这么说：“就像上个季度，我们有中秋节和国庆节，以及公司年会 3 个大型市场活动的支持，让我们的资源量突破了150个，团队小伙伴们虽然忙，但是士气高涨，最后的成果也好。而这个季度我们只有 1 个市场活动的支撑，资源量只有 40 多个。我们发现转化起来量不够，支撑不了我们业绩的完成，小伙伴们拿不到结果，士气也不高。”像这样，就是通过正反两方面的例子来支撑你的观点和理由。

第四步是做出总结，其话术是“总的来说 + 你对观点和理由的总结”。比如，你可以这样讲：“总的来说，市场活动对于有效资源量的增加，对于团队士气的提高以及季度目标的达成，都是非常关键的。”做出总结，就是通过你的案例对你的观点和理由的总结。

最后第五步，回归问题，是对对方的提问进行总结，话术是“所以我认为 + 问题 + 观点”，就是把对方的问题和你的观点串联成一句话。比如，你可以这样讲：“所以我认为这个季度目标没有达成的主要原因是缺少了市场活动的支持。”

我们把整个回答串联起来看看：

“非常感谢领导的提问，您这个问题一上来就直击要害。关于这个季度业绩没达成的主要原因是什么呢？我是这么认为的，关于这个季度没有达成目标的原因有很多，比如团队士气不高、团队中新手很多、缺乏市场活动，还有新客资源量不足，但要说其中最主要的原因，我认为是缺乏市场活动。因为市场活动是为我们带来资源量的主要方式，资源量不足直接影响了我们达成目标，也因为资源量不足，团队士气不高。就像上个季度，我们有中秋节和国庆节，以及公司年会 3 个大型市场活动的支持，让我们的资源量突破了 150 个，团队小伙伴们虽然忙，但是士气高涨，最后的成果也好。而这个季度我们只有 1 个市场活动的支撑，资源量只有 40 多个。我们发现转化起来量不够，支撑不了我们业绩的完成，小伙伴们拿不到结果，士气也不高。总的来说，市场活动对于有效资源量的增加，对于团队士气的提高以及季度目标的达成，是非常关键的。所以我认为这个季度目标没有达成的主要原因是缺少了市场活动的支持。”

听起来是不是有理有据？而且情商很高，观点清晰，逻辑严正？

这里我们总结一下回答别人提问的三步法：第一步，感谢问题；第二步，重复问题；第三步，回答问题。此外，在回答问题时，还要分“摆出观点、给出理由、举出事例、做出总结、回归问题”五步走。

你也可以把刚才那位领导的问题，“上个季度业绩为什么没有达标”，结合你的实际工作来回答一下。

最后我想提醒一下大家，其实职场上的应对回答也是可以提前准备的。你可以先把领导最可能向你提出的 10 个问题，和自己最害怕回答的 10 个问题列出来，然后用我们的方法去提前说一说、答一答、练一练。千万不要写稿子，写出来和背下来都会忘记的，关键的是要熟练掌握这个方法，多说几遍就好了。

## 表 3-1 巧妙应答三步法

| 步骤 | 话术结构 | 案例<br>问题：你们的绩效考核制度如何？是否存在公平性和客观性的问题？ |
|---|---|---|
| 第一步：感谢问题 | 1. 非常感谢您 + 具体内容<br>2. 非常感谢您的提问，这个问题问得好，也正好提醒了我们。 | 非常感谢您对我们绩效考核制度的关注和提问。 |
| 第二步：重复问题 | 1. 您是说 + 原问题，对吗？<br>2. 您刚才的提问是关于 + 按照自己理解描述问题，对吗？<br>3. 我可不可以这么理解，您是想问 + 按照自己理解描述问题，对吗？ | 您是说我们的绩效考核制度如何，会不会存在公平性和客观性的问题，对吗？ |
| 第三步：回答问题 | 摆出观点：关于 + 问题内容，我认为 + 观点<br>给出理由：因为 + 列举理由 | 观点：关于我们的绩效考核制度，我认为是公平客观的。<br>理由：首先，因为我们的考核标准和指标是根据员工的工作目标和职责制定的，具有明确性和可操作性，能够客观地反映员工的工作表现和业绩。其次，我们的考核流程是公开透明的，所有员工都可以了解到考核标准和流程，并且我们会根据员工的实际表现来进行评估，以确保考核结果的客观性和公正性。最后，我们也会定期对考核制度进行评估和优化，以确保其与公司的战略目标和员工的职业发展相匹配。 |

（接下页）

（接上页）

| 步骤 | 话术结构 | 案例<br>问题：你们的绩效考核制度如何？是否存在公平性和客观性的问题？ |
|---|---|---|
| 第三步：回答问题 | 举出事例：比如 / 就像 + 具体例子<br>做出总结：总的来说 / 综上所述 + 你对观点和理由的总结<br>回归问题：所以我认为 + 问题 + 观点 + 希望以上回答能够满足您的关注和需求，如果您还有其他问题或建议，欢迎随时提出。 | 举例：比如，我们的销售部门的绩效考核标准和指标是根据销售额、客户满意度、市场份额等多个因素综合考虑的，能够客观地反映销售人员的工作表现和业绩。同时，我们的考核流程是公开透明的，销售人员可以随时了解到自己的考核结果和排名，也可以对考核结果提出异议和申诉，确保了考核结果的公正性和客观性。<br>总结：综上所述，我们的绩效考核制度是公平客观的，能够客观地反映员工的工作表现和业绩，并且考核流程是公开透明的，确保考核结果的公正性和客观性。 |

## 表 3-2 巧妙应答三步法自测

问题：（选其一进行回答）

你们的销售预算和费用如何？是否合理和有效利用？

你的财务分析和预测情况如何？

| 步骤 | 话术结构 | 案例 |
|---|---|---|
| 感谢问题 | | |
| 重复问题 | | |
| 回答问题 | | |